ZEITREISE HOHENLOHE

ULRICH MAIER

ZEITREISE HOHENLOHE

Menschen, Orte und Ereignisse,
die Geschichte schrieben

SILBERBURG

INHALT

Klassizistisches Karlstor in Öhringen.

Schwäbisch Hall, Unterwöhrd.

Rathaus und altes Amtshaus in Vellberg.

Vorwort

Die Grenzen sind nicht so leicht zu definieren. Hohenlohe sei dort, *wo die Hasen Hosa haaßa und die Hosen House.* So heißt es in einer oft zitierten Redewendung. Ähnlich klingt der Spruch aus der Gegend zwischen Ansbach und Erlangen: *Wou die Hasen Hoosn und die Hosen Huusn haaßn.* Die Parallelen sind nicht zufällig. Ein Blick auf die Mundartkarte zeigt, dass das Hohenlohische wie das angrenzende Ansbachisch-Erlangische beide dem Ostfränkischen angehören.

Geografisch zählt zum Hohenloher Land der Hohenlohekreis, der Kreis Schwäbisch Hall und der südliche Altkreis Mergentheim. Die Hohenloher Ebene, in die sich die Tauber, der Kocher und die Jagst hineingefressen haben, bestimmt die Landschaft – einst Meeresboden mit zahlreichen Saurierfunden, Grenzland des römischen Limes, bis heute Bauernland. An den Hängen von Jagst, Kocher und Tauber wächst hervorragender Wein. Aber: Gemessen an der Einwohnerzahl gibt es in Hohenlohe deutschlandweit die meisten Weltmarktführer. Und: Überall trifft man auf Schlossanlagen. *Keine Ruinen, das ist eben das Besondere, sie sind alle wohl erhalten und liebevoll gepflegt,* fiel der Langenburger Pfarrersfrau und Erfolgsautorin Agnes Günther auf. Das hängt mit der weitverzweigten Fürstenfamilie der *Hohenlohe* zusammen, einem uralten Hochadelsgeschlecht, das sich hier im ehemaligen Herzogtum Franken ausgebreitet und die Region jahrhundertelang dominiert hat. Zwar blieb Hohenlohe ein fast geschlossenes Territorium, doch gab es aufgrund des hohenlohischen Erbrechts viele Erbteilungen, die zu einer immer größeren Zahl eigenständiger Herrschaftsgebiete führten. Jeder dieser Kleinfürsten baute sich sein Schloss, sein Residenzstädtle, z. B. auf einem lang gezogenen Bergrücken wie in Langenburg oder Waldenburg. Hohenlohe ist das Land der Fürstensitze, der geschichtsträchtigen Kleinstädte und gewachsenen Dörfer, umrahmt von der alten Reichsstadt Schwäbisch Hall im Süden, der einstigen Deutschordensresidenz Bad Mergentheim im Norden, Öhringen im Westen und der viele Jahrhunderte zur Markgrafschaft Brandenburg-Ansbach gehörenden Stadt Crailsheim im Osten.

Skurriles, Dramatisches, Überraschendes, Typisches und Unerwartetes aus einem Land, in dem sich bis heute das Bewusstsein einer eigenen Identität vom Altwürttembergischen abgrenzt, wo man auf die Werke von Malern und Bildhauern wie Matthias Grünewald oder Tilman Riemenschneider stößt, auf die Spuren von Literaten wie Justinus Kerner, Eduard Mörike oder Johann Wolfgang von Goethe, aber auch auf Persönlichkeiten aus der Gegenwart wie den Künzelsauer Schraubenkönig Reinhold Würth oder den Weltraumfahrer Alexander Gerst. Neugierig geworden? Dann kommen Sie mit auf unsere Zeitreise durch Hohenlohe!

Im Gänsturm befindet sich das Weikersheimer Stadtmuseum.

Vor 240 Millionen Jahren

Panzerlurche in Ingelfingen

Seelilien, Muscheln und Panzerlurche finden sich im Muschelkalkmuseum Ingelfingen, zusammengetragen von passionierten Fossiliensammlern aus Hohenlohe wie dem Initiator des Museums Hans Hagdorn. Die meisten Funde stammen aus dem Kocher- und Jagsttal. Doch wie kamen die einstigen Meeresbewohner ins Hohenlohische?

Über Jahrmillionen haben sich die Bodenschichten der Erdzeitalter übereinandergelagert – auch in der Hohenloher Ebene –, Jagst und Kocher hingegen sich immer tiefer in den Boden der vergangenen Zeiten hineingearbeitet, die Erdschichten aus der Vorzeit an den steilen Uferhängen angeschnitten und so teilweise freigelegt. Die Kalkschicht mit den auffälligen Versteinerungen stammen aus der Muschelkalkzeit vor ca. 240 Millionen Jahren. Damals war Hohenlohe wie der größte Teil Deutschlands etwa acht Millionen Jahre lang von einem flachen Meer bedeckt. Muscheln, Seeigel, Seelilien und Seesterne lebten hier am Meeresgrund. Ihre kalkigen Überreste sind mit dem Meeresboden verbacken und schließlich zu Stein geworden. Panzerlurche gingen im subtropischen Muschelkalkmeer auf die Jagd. Das waren riesige Amphibien wie der Mastodonsaurus mit einer Länge von fünf Metern und einem dreieckigen, 1,40 Meter langen Schädel. Auch er hat seine versteinerten Knochen in Hohenlohe hinterlassen.

Seit Jahrhunderten legten Weinbauern an den Steilhängen von Jagst und Kocher Weingärten an. Sie sammelten Unmengen von Steinen aus dem Boden und häuften sie an den Rändern zu Riegelwällen auf. Von der Sonne aufgeheizt, gaben sie die Wärme in den rauen Nächten an die wärmebedürftigen Reben ab. In vielen dort zusammengetragenen Steinen finden sich auffällige Abdrücke von Muscheln und anderen Meeresbewohnern. Auch in den Steinbrüchen stieß man häufig auf solche rätselhaften versteinerten Fossilien. Seit Jahrhunderten suchten Gelehrte nach einer Erklärung dafür. Einer von ihnen war der pensionierte Pfarrer und Dichter Eduard Mörike. Er lebte Mitte der 1840er Jahre in Schwäbisch Hall und kannte dort die ergiebigsten Fundorte, die Steinbrüche an der Hessentaler Straße, bei Steinbach und Rieden. Mit Steinmeißel und Spitzhammer ging er auf Entdeckungsreise. *Das sind meine köstlichsten Stunden*, schrieb er an seinen Freund Wilhelm Hartlaub.

Über 50 000 Fundstücke lagern im Magazin des Muschelkalkmuseums Ingelfingen. Nur ein Teil davon kann im Museum gezeigt und erklärt werden. Viele von ihnen stammen aus der Sammlung des *Saurierkönigs* Werner Kugler. Er hat sie dem Museum gestiftet. Seine spektakulärsten Funde finden sich allerdings im Staatlichen Museum für Naturkunde in Stuttgart.

Fassade am Muschelkalkmuseum in Ingelfingen.

TRIAS

Vor 230 Millionen Jahren

Batrachotomus Kupferzellensis

Unter Saurierexperten ist *Kupferzell* ein Begriff, nicht zuletzt wegen des Archosauriers *Batrachotomus Kupferzellensis*, der die Gemeinde in seinem Namen und in alle Welt trägt. Sein *Vorname* ist griechisch und bedeutet *Lurchschlächter*. Wie sah der Lebensraum aus, in dem er sich bewegte, und wie kam er zu seinem grausigen Namen?

In den 1970er Jahren baute man die Autobahn A6 von Heilbronn nach Nürnberg. Auf der Höhe von Kupferzell stießen die Bagger 1977 auf Knochen. Schnell war klar, dass es sich um unzählige Relikte aus der Zeit der Saurier handelte. Als *Massengrab fossiler Saurier* hat man bald darauf die Gegend um Kupferzell genannt. Rund 30 000 Einzelknochen kamen ans Tageslicht. Sie wurden unter hohem Zeitdruck geborgen, denn der Autobahnbau sollte nicht lange unterbrochen werden und rasch weitergehen. Nach der Bergung der fossilen Lagerstätte verschwand der Saurierfriedhof für immer unter der Autobahn.

Unter den verschiedenen Sauriertypen, die bei Kupferzell zum Vorschein kamen, war auch der *Batrachotomus*, ein schwerer, vierbeiniger Saurier, der fünf bis sechs Meter lang werden konnte. Sein 50 Zentimeter langer Schädel war dagegen im Vergleich zur Gesamtlänge relativ klein ausgebildet. Dafür konnte er den Rachen weit aufreißen und mit seinen scharfen Zähnen kräftig zubeißen. Rücken und Bauch waren mit Knochenplatten gepanzert. Die Wirbelsäule konnte er durchstrecken und mit den muskulösen Beinen im aufrechten Galopp weite Strecken in hoher Geschwindigkeit zurücklegen.

Batrachotumus Kupferzellensis lebte vor 235 bis 228 Millionen Jahren in der *Keuperzeit*, die nach der Erdschicht *Keuper* benannt ist. Sie besteht vorwiegend aus bröckeligem, verwittertem Tongestein, das für die Böden der *Keuperberge* im nördlichen Baden-Württemberg typisch ist. Vor 235 Millionen Jahren zog sich das Meer der Muschelkalkzeit allmählich zurück. In der anschließenden Keuperzeit breitete sich im Hohenlohischen eine sumpfige, tropische Landschaft mit vielen Inseln in einem flachen Meer aus, vergleichbar mit den Everglades in Florida. Die Inseln wurden häufig überflutet, um sich anschließend wieder aus dem seichten Meer herauszuheben. Hohe Schachtelhalm-Bäume und Farne gediehen dort im morastigen Boden. In den Gewässern lebten Fische und Amphibien, darunter auch der Panzerlurch *Mastodonsaurus*, der ebenso groß werden konnte wie der *Batrachotumus*. Dennoch zählte er zu dessen Beutetieren. In den ebenfalls bei Kupferzell geborgenen Knochen des *Mastodonsaurus* hat man nämlich Bissspuren des *Batrachotomus* gefunden, die das nahelegen und ihm seinem Namen *Lurchschlächter* verpassten.

▲ Batrachotomus Kupferzellensis. ▼ Keuperzeitliche Landschaft mit Batrachotomus Kupferzellensis im Hintergrund.

Die Keltenstadt bei Finsterlohr

Fünf Kilometer südöstlich von Creglingen, in der Nähe des Dorfes Finsterlohr, liegt die ehemalige keltische Festung, auf drei Seiten von Uferhängen geschützt, die zum Holderbach, der Schonach und der Tauber steil abfallen. Auf ihrer ungeschützten Seite war sie durch eine 1200 Meter lange, besonders verstärkte Befestigung gesichert. Eine keltische Mauer zog sich aber einst um ihr gesamtes Gebiet.

Seit 2007 finden wieder archäologische Grabungen im Oppidum Finsterlohr statt. In der Umgebung der Keltenfestung tauchten viele keltische Münzen auf, die auf einen Ort mit zentraler Funktion hinweisen. *Burgstall* heißt der nächstgelegene Weiler – das bedeutet *Burgstelle*. In der Ortsbezeichnung hat sich also die Erinnerung an die keltische Festung erhalten. War sie eine Fliehburg, hinter deren Mauern und Wällen die Menschen umliegender Dörfer sich in Kriegszeiten in Sicherheit bringen konnten? Handelte es sich um einen keltischen Herrensitz oder um eine Stadt?

Diese Fragen sind längst noch nicht geklärt, doch neuere Untersuchungen weisen eher auf ein keltisches Oppidum hin. Mit diesem Wort bezeichneten die Römer eine Landstadt. Ihre Größe von 123,5 Hektar bot Platz dafür. Damit gehört das keltische Oppidum Finsterlohr zu den bedeutendsten keltischen Festungsanlagen Mitteleuropas und übertrifft mit seiner Fläche die meisten Römerstädte in den Provinzen. Der Zugang im Nordwesten war durch eine große Toranlage mit je zwei 3,5 Meter breiten Flügeln und einem begehbaren Übergang geschützt. Das *Zangentor* sprang von der Befestigungsmauer einige Meter zurück, sodass anrückende Feinde von beiden Seiten *in die Zange* genommen werden konnten.

Das keltische Oppidum Finsterlohr bestand im 2. und 1. Jahrhundert v. Chr. Damals lebte im größten Teil Baden-Württembergs das keltische Volk der Helvetier. Diese zogen in der Mitte des 1. Jahrhunderts nach Süden ab, denn neue Völker drängten nach Süddeutschland vor, unter ihnen die germanischen Sweben. Ariovist hieß ihr Anführer, der nach Gallien zog und schließlich von Caesar besiegt und über den Rhein zurückgeworfen wurde. Diese Auseinandersetzungen führten zum *Gallischen Krieg* und der Eroberung Galliens durch Caesar. Die Helvetier ließen sich damals im Gebiet zwischen Bodensee und Genfer See nieder. Römische Geschichtsschreiber sprechen für das 1. Jahrhundert v. Chr. in Bezug auf die Gegend zwischen Main, Rhein und Bodensee von der *Helvetiereinöde*, also von einem von den Helvetiern verlassenen Landstrich. Wie Finsterlohr wurden auch andere keltische Oppida damals aufgegeben.

Keltisches Mauerwerk, anhand der Funde rekonstruiert.

155

Der Limes bei Mainhardt

Am Ortseingang von Mainhardt, direkt an der Bundesstraße 14 und nur wenige Meter neben dem originalen Limesverlauf, machen mächtige Eichenpalisaden vor einem Wall und einem Graben auf den Limes aufmerksam, die einstige Grenze des Römischen Reiches, die von Öhringen über Mainhardt weiter in südöstlicher Richtung verläuft und den äußersten Westen Hohenlohes durchschneidet.

Der größte Teil Hohenlohes war Limesvorland und gehörte nicht zum Römischen Reich. Bis zur Mitte des 2. Jahrhunderts n. Chr. befand sich die Grenze am Neckar, dann wurde sie weiter nach Osten verlegt, um die Grenzlinie zwischen obergermanischem und rätischem Limes zu verkürzen. Römische Einheiten, die bisher am Neckar stationiert waren, z. B. bei Heilbronn-Böckingen, rückten zur Grenzverteidigung nach Osten vor und belegten neu angelegte Kastelle etwa in Öhringen und Mainhardt.

2011 wurde der 25 Meter lange nachgebaute Limesabschnitt bei Mainhardt offiziell eingeweiht. Nachts wird die Limesanlage wirkungsvoll angestrahlt. Die Rekonstruktion orientiert sich an Originalbefunden. Die Eichenpalisaden sind der Länge nach halbiert und zur Stabilisierung mit Querriegeln verbunden. Dabei zeigt die flache Seite nach außen, weil man dadurch nicht so leicht hochklettern konnte. Wer es dennoch versuchte, blickte von oben sechs Meter in die Tiefe. Etwa drei Meter waren die Palisaden hoch, der direkt anschließende Graben ebenfalls etwa drei Meter tief – etwas zu viel, um den Sprung zu wagen. Am Grund des Grabens ging es wieder sechs Meter hoch auf den Wall. Einzelne Eindringlinge und kleine Gruppen anstürmender Germanen konnte der Limes vielleicht aufhalten, eine größere Zahl aber nicht. Doch der Limes war keine geschlossene Grenze, sondern offen für Handel und friedlichen Grenzverkehr. Er sollte eindrucksvoll deutlich machen, dass hier das Römische Reich begann. Ähnliche Befestigungen gab es in allen Grenzregionen von Britannien über Germanien, Ungarn, Rumänien bis in den Orient und nach Nordafrika. Der obergermanische Limes begann nördlich der Mündung der Mosel in den Rhein und zog sich über Taunus, Wetterau und Main, Kocher und Jagst nach Süden bis ins Rotenbachtal bei Schwäbisch Gmünd, wo der Rätische Limes anfing. Beide Limesabschnitte sind zusammen 550 Kilometer lang und seit 2005 Weltkulturerbe.

Hinter dem Limes entwickelte sich die gut durchorganisierte römische Provinz Obergermanien mit selbst verwalteten Bürgerschaften (civitates), römischen Gutshöfen, kleineren Landstädten und größeren Verwaltungs- und Handelszentren – wie das römische Öhringen (Vicus Aurelianus) und Neuenstadt am Kocher –, verbunden durch ein Netz von Fern- und Landstraßen.

Limes bei Mainhardt, Rekonstruktion.

232

Die Minervastatue von Öhringen

Beim Bau der Eisenbahnstrecke von Heilbronn nach Schwäbisch Hall kamen südlich der Flur *Obere Bürg* 1861 zwei Minervastatuen ans Tageslicht. Sie sind nicht nur kunstvoll gestaltet, sondern auch aufschlussreich. Denn eine der beiden trägt eine Inschrift, die eine ganze Menge über das römische Öhringen verrät.

Sie lautet: *Zu Ehren des göttlichen Kaiserhauses hat den Einwohnern des Vicus Aurelianus der Quaestor Faustus Faventinus ein Standbild der Minerva auf eigene Kosten wieder hergestellt, im Konsulatsjahr des Lupus und des Maximus.* Die beiden genannten Konsuln amtierten im Jahr 232 n. Chr. Noch bemerkenswerter aber ist die Überlieferung des römischen Namens von Öhringen: *Vicus Aurelianus.* Mit *vicus* bezeichneten die Römer eine Zivilsiedlung bei einem Römerkastell. Der Beiname geht vermutlich auf den römischen Kaiser Marc Aurel zurück, dem *Philosophen auf dem Kaiserthron,* wie man ihn nannte, der von 161 bis 180 n. Chr. regiert hat. In dieser Zeit sind die Kastelle entstanden, ebenso die Zivilsiedlung.

In Öhringen hat es gleich zwei Kastelle gegeben, die nur etwas mehr als einen Kilometer voneinander entfernt und in unmittelbarer Nähe des Limes lagen. Um die tausend Soldaten waren hier stationiert. Der *vicus* befand sich gleich daneben und war mit 20 bis 30 Hektar Fläche vergleichsweise groß. Rund 2000 Menschen wohnten hier, Handwerker und Kaufleute mit ihren Familien, auch verheiratete Soldaten, die nicht in den Unterkünften in einem der beiden Kastelle lebten. Das Zentrum haben die Archäologen noch nicht gefunden, und es ist noch nicht sicher, dass es sich beim *Vicus Aurelianus* um die Hauptstadt einer Civitas gehandelt hat, die in ihrer Umgebung angenommen wird. Da ist auch das römische Neuenstadt am Kocher im Gespräch, bei dem gegenwärtig wieder gegraben wird. Das gesellschaftliche Leben im *Vicus Aurelianus* war jedenfalls ausgeprägt. Es gab eine Kaufmannsgilde, wie eine Inschrift beweist, und einen Jungmännerbund. Wie die kostbaren Funde beweisen, waren viele Einwohner recht wohlhabend. Mitte des 3. Jahrhunderts scheinen die Kastelle und wohl auch die Zivilsiedlung verlassen worden zu sein. In dieser Zeit mussten die Römer den Limes als befestigte Grenze wegen der immer häufiger eindringenden Alamannen aufgeben und hinter Rhein, Donau und Iller zurückverlegen.

Minerva scheint im römischen Öhringen besonders verehrt worden zu sein, da gleich zwei Statuen von ihr gefunden wurden. Die römische Göttin galt als Beschützerin von Handwerk und Gewerbe, aber auch als Göttin der Weisheit und der Kunst sowie der taktischen Kriegsführung.

Minervastatue von Öhringen aus dem Jahr 232.

P

741

Stöckenburg und Vellberg

Auf einem flachen Bergrücken gegenüber von Vellberg lag einst eine keltische Siedlung. Im Frühmittelalter bauten die Franken um die Kirche St. Martin eine Höhenburg. Die ist längst verschwunden. Geblieben ist die uralte Kirche im Weiler Stöckenburg, der heute zur Stadt Vellberg gehört und nur noch wenige Häuser zählt.

Ins Licht der Geschichte tritt St. Martin 741. In diesem Jahr gründet der Missionar Bonifatius das Bistum Würzburg. Bonifatius heißt eigentlich Wynfreth. Sein lateinischer Übername bedeutet *der Gutes Bringende* oder auch *der Wohltäter*. Er stammt aus einer vornehmen Familie in Wessex, im Südwesten von England, soll im Auftrag des Papstes und der Frankenkönige im ostfränkischen Reichsteil das Christentum verbreiten und die Kirche als Institution organisieren. Das neu gegründete Bistum statten die Karolinger Pippin und Karlmann mit einer Reihe von Besitzungen aus. Eine Urkunde Kaiser Ludwigs des Frommen vom 19. Dezember 822 nimmt auf diese sechzig Jahre zuvor gemachte Schenkung Bezug. Dort steht u. a.: *Et in pago Moligaugio, infra castro Stochamburg, basilica Sancti Martini – Und im Maulachgau, innerhalb des castrums Stöckenburg, die Basilika des heiligen Martin.*

Es lohnt sich, den hier erwähnten Ortsnamen einmal näher zu betrachten: *Castrum* heißt im Frühmittelalter *befestigte Höhensiedlung*. Auffällig ist die Doppelung *castrum* und *-burg*. *Stocham* ist eine Zusammenziehung des fränkischen Ortsnamens *Stockheim*, der im fränkischen Reich häufig vorkommt, und weist auf eine Rodung hin. Daraus lässt sich schon ein Teil der Entstehungsgeschichte der Stöckenburg erschließen: Im 6. Jahrhundert besiegen die Franken die Alamannen, drängen sie nach Süden ab und übernehmen deren ehemaliges Herrschaftsgebiet. An strategisch wichtigen Stellen wie an der Straße von Schwäbisch Hall nach Crailsheim bzw. Dinkelsbühl legen sie militärische Stützpunkte (*castra*) an. Die Lage der Stöckenburg bietet sich dazu geradezu an. Sie ist von Bühler und Äulensbach auf drei Seiten umflossen und gut zu verteidigen und bis ins 10. Jahrhundert Sitz des Gaugrafen im *Maulachgau*, der sich bis Ilshofen, Crailsheim und Langenburg hinzieht.

Ende des 11. Jahrhunderts entschließen sich die damaligen Burgherren, auf dem gegenüberliegenden *Feldberg*, jenseits der Bühler, eine neue Burg zu errichten, nennen sie *Vellberg* und übernehmen den Namen für ihr Adelsgeschlecht gleich mit. Als erster Namensträger taucht 1102 *Heinrich von Vellberg* in einer Urkunde auf. Erst Jahrhunderte später wird ihre Burgsiedlung *Vellberg* zur Stadt. Im Jahr 1500 bekommt sie von Kaiser Maximilian das Marktrecht zugesprochen, sechs Jahre später erhält sie Stadtrechte.

▲ Stöckenburg gegenüber Vellberg. ▼ Stadtbrunnen in Vellberg.

1037

Gräfin Adelheid in Öhringen

Obwohl die präzise Datierung auf dem Öhringer Stiftungsbrief, der 17. August 1037, von Historikern angezweifelt wird, scheint die Gründung des Chorherrenstifts in Öhringen durch Gräfin Adelheid von Metz und ihren Sohn, Bischof Gebhard von Regensburg, in diesem Jahr verbürgt. Warum sollte man die Urkunde aber später geschrieben und vordatiert haben?

Vermutlich hat man während des Streits zwischen Kaiser und Papst in den Jahren nach 1075 auf ältere Urkunden zurückgegriffen, um deren Inhalt in Bezug auf das Chorherrenstift eindeutiger darzustellen, vor allem die Rechte des Regensburger Bischofs. Adelheid von Metz war eine der angesehensten und mächtigsten Damen der Zeit, Mutter des späteren Kaisers Konrad II. und Gebhards III., Bischof von Regensburg, außerdem Großmutter von Papst Viktor II.

Die wohl bedeutendste Urkunde Hohenlohes zählt die Besitzungen des Chorherrenstifts auf und nennt dabei über vierzig Dörfer und Städte der Region. Darunter sind viele Ersterwähnungen. Die Illustration im Öhringer Obleybuch zeigt den Vorgang wie in einer Bildgeschichte. Unten links ist Gräfin Adelheid zu sehen, bezeichnet als *Adelhaidis fundatrix* (Gründerin). Sie wendet sich an *St. petrus patronus*, der mit dem übergroßen Himmelsschlüssel, dargestellt mit der dreifachen Papstkrone und einem Bischofsstab. Sie deutet auf einen repräsentativen Kirchenbau in der Bildmitte. Oben links steht ihr Sohn, Bischof Gebhard, der die Gründung formal durchführt. Ihm gegenüber, auf der rechten Seite, hebt *Burkhardus Comes de Comburg*, Graf Burkhard von Comburg, die Schwurhand und verpflichtet sich zum weltlichen Schutz des Stifts.

Bevor Adelheid das Öhringer Chorherrenstift gründete, lebte sie nach Angaben des Stiftungsbriefs auf Burg Weinsberg, ihr angenommener Witwensitz, und zog von dort nach Öhringen, wo sie zwischen 1039 und 1046 verstarb. Ihr repräsentativer Steinsarkophag ist in der Krypta der Stiftskirche zu sehen, rechts und links flankiert von hohen Kerzen, deren steinerne Halterungen mit ihm verbunden sind. Im Jahr der Gründung stand hier aber nur eine Pfarrkirche aus Holz, die dann durch einen einfachen romanischen Steinbau ersetzt wurde. Ihr heutiges Aussehen erhielt die Stiftskirche erst im 15. Jahrhundert.

Die Öhringer Stiftsherren lebten nicht in klösterlicher Gemeinschaft, auch nicht in Gütergemeinschaft, oft nicht einmal in Öhringen, aber finanziell gut abgesichert durch die reiche Stiftung. Ihre geistlichen Pflichten ließen sie bald durch Vikare versehen. Aus ihrer Mitte wählten sie einen Propst, der ihre Interessen vertrat, aber ebenfalls selten in Öhringen ansässig war.

Gründung des Öhringer Chorherrenstifts durch Adelheid von Metz und ihren Sohn Bischof Gebhard von Regensburg. Illustration aus dem Öhringer Obleybuch, um 1420.

Gebhardus Epus
Burkardus Comes de Camberg
Adalheidis fundatrix
S. petrus patronus

1078

Eine Burg wird zum Kloster

Weithin sichtbar ragt die Comburg aus dem Kochertal. Um das Jahr 1000 erwirbt Graf Ruotger vom Augsburger Bischof Liuthold den markanten Umlaufberg im Kochertal und baut dort eine Burg. Seine Familie nennt sich bald *Grafen von Rothenburg-Comburg*. Zwei seiner Nachfahren machen aber aus dem stolzen Familiensitz 80 Jahre später ein Kloster – an einem dafür recht ungewöhnlichen Ort.

Die frommen Söhne des Grafen Richard von Rothenburg-Comburg sind für die Klostergründung auf dem Hausberg der Grafen verantwortlich: Emehard und Burkhard. Um 1078 stiften beide gemeinsam das Benediktinerkloster. Richards ältester Sohn Emehard schlägt eine geistliche Laufbahn ein und wird 1089 Bischof von Würzburg. Sein Bruder, Graf Burkhard, legt seine weltlichen Ämter nieder, wird Mönch und tritt in das neu gegründete Kloster ein. Es untersteht dem Bistum Würzburg und erhält nicht nur reiche Besitztümer aus dem Grafenhaus, sondern auch aus dem Erzbistum Mainz. Burkhard, zuvor Burgherr auf der Comburg, leidet an Rückgratverkrümmung. Vielleicht hat ihn seine Behinderung zu diesem Entschluss veranlasst, denn im Hochmittelalter werden körperliche Mängel noch als Strafe Gottes angesehen.

Zum Abt wird um 1086 ein Mönch aus Hirsau berufen, was ebenso ungewöhnlich ist. Der Grund dafür liegt wohl darin, dass sich das Kloster der Hirsauer Reformbewegung anschließen soll, welche die Gedanken des Klosters Cluny aufgreift, die Regeln des heiligen Benedikt strenger auszulegen und die Frömmigkeit der Mönche zu vertiefen.

Im 11. und 12. Jahrhundert erlebt Kloster Comburg eine Blütezeit. Bereits 1088 wird die Klosterkirche fertiggestellt und dem heiligen Nikolaus geweiht, eine Pfeilerbasilika mit zwei Chören, drei Kirchenschiffen und einem imposanten Turm, der bis heute erhalten ist. Sie besitzt bereits eine respektable Länge von 65 Metern. Zu Beginn des 18. Jahrhunderts wird die romanische Basilika abgerissen und durch einen barocken Kirchenbau ersetzt. Die reiche Ausstattung stammt zum Teil noch aus alter Zeit, etwa das kostbare goldene Altar-Antependium oder der Radleuchter. Beide werden in der Mitte des 12. Jahrhunderts geschaffen. Der Radleuchter stellt das *Himmlische Jerusalem* mit Stadtmauer, Zinnen und Türmen dar.

Anfangs kümmern sich als weltliche Schutzvögte die Grafen von Rothenburg-Comburg um das Kloster. Bald stirbt die Familie jedoch aus, und die Staufer übernehmen die Schutzvogtei. Nach deren Niedergang erlebt auch das Kloster eine tiefe Krise, die zu Beginn des 14. Jahrhunderts zu einem wirtschaftlichen Zusammenbruch führt. Daraufhin überträgt Kaiser Ludwig der Bayer die königliche Schutzvogtei an die Reichsstadt Schwäbisch Hall.

▲ Comburg auf einem Umlaufberg über dem Kochertal. ▼ Radleuchter auf der Comburg aus der Mitte des 12. Jahrhunderts.

1172

Hohenlohe – Name und Mythos

Das Hohenloher Wappen auf dem Erbeinigungsvertrag von 1511 zeigt einen Schild mit zwei Leoparden und einen Helm mit einer besonderen Helmzier. Ein Phönix breitet die Flügel aus. Ursprünglich saßen auf dem Helm zwei Büffelhörner, jeweils verziert mit fünf Lindenzweigen. Der Phönix nimmt erst im 14. Jahrhundert auf dem Helm Platz und ersetzt Büffelhörner und Lindenzweige, was schließlich zu einer Umdeutung des Namens führen sollte.

Mitte des 18. Jahrhunderts werden die Hohenlohe in den Fürstenstand erhoben und wollen dem Namen ihres Hauses neuen Glanz geben. *Hohenlohe* soll nun *hoch auflodernde Flamme* bedeuten. Den Flammenmythos verbindet man mit dem Phönixmythos von dem heiligen Vogel der Ägypter, dem Feuervogel, der am Ende seines Lebens verbrennt, um aus seiner Asche neu geboren zu werden – eine Verbildlichung des Sonnenmythos und ein Symbol der Unsterblichkeit. Zum neu gestalteten Wappen wählt Fürst Philipp Ernst zu Hohenlohe-Waldenburg-Schillingsfürst den passenden Wahlspruch: *Ex flammis orior – aus Flammen erhebe ich mich.* Er stiftet den *Hausorden von der goldenen Flamme,* 1775 erneuert als *Haus- und Ritterorden vom Phönix.* Nur an Adlige kann er verliehen werden. Einer seiner prominentesten Träger ist König Ludwig XVIII. von Frankreich.

Und was bedeutet *Hohenlohe* eigentlich? Dazu muss man zu den Anfängen der Familiengeschichte zurückkehren. Ein *Konrad von Hohlach* hat den Namen 1172 zuerst verwendet. Sein Vater nennt sich noch *Konrad von Weikersheim.* Der Name stammt von Burg Hohlach bei Simmershofen im Westen des heutigen Bundeslandes Bayern, wohin die Familie im 12. Jahrhundert ihren Hauptsitz verlegt, denn die Burg liegt an einer wichtigen Handelsstraße zwischen Augsburg und Frankfurt, und die Herren von Hohlach haben das Geleitrecht – sie dürfen Wegzoll erheben. Doch bereits im 13. Jahrhundert gilt die Burg als verfallen, und die Hohenloher sitzen längst wieder in Weikersheim. *Hohlach* bedeutet schlicht: *hoch gelegenes Gehölz.*

Das uralte fränkische Geschlecht der Hohenlohe gehört zum Hochadel. Trotz häufiger Erbteilungen bleibt ihr Territorium ziemlich geschlossen, verzweigt sich aber in zahlreiche Neben- und Unterlinien. 1450 werden die Herren von Hohenlohe in den Reichsgrafenstand erhoben, bevor sie im 18. Jahrhundert gefürstet werden. Allerdings entbrennt danach ein Streit um die Vorherrschaft im Gesamthaus. Schließlich einigt man sich darauf, dass das Alter des regierenden Fürsten dafür den Ausschlag geben soll. Mit der Rheinbundakte Napoleons endet 1806 die hohenlohische Selbstständigkeit. Die hohenlohischen Fürstentümer kommen an Württemberg bis auf Schillingsfürst, das an Bayern geht.

Wappen in der Erbeinigungsurkunde von 1511.

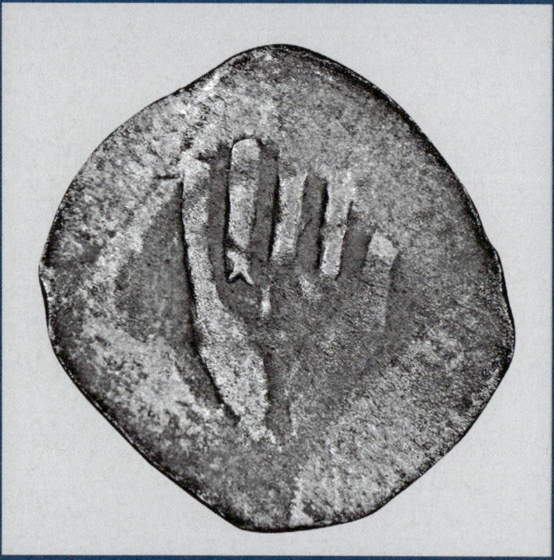

Um 1200

Weitverbreitet und überall bekannt – Der Heller

Seit dem Ende des 12. Jahrhunderts gibt es den Heller. Ursprünglich stammt die Münze aus Silber oder Kupfer aus Schwäbisch Hall. Nach ihr ist er benannt. Sie verbreitet sich rasch im ganzen *Heiligen Römischen Reich*, vor allem aber im süddeutschen Raum.

Bis in die Gegenwart ist der Heller präsent geblieben – vor allem in Redensarten. Als Münze kennt man ihn auch in Tschechien und Ungarn – dort heißt er Filler. Bis zum Beginn des 20. Jahrhunderts wurde mit ihm sogar in Ostafrika bezahlt. Besonders wertvoll war er nie. Ursprünglich galt der *denarius hallensis* einen halben Pfennig. Schon im Mittelalter ging man dazu über, ihn pfundweise abzurechnen. Eine Ware kostete dann soundso viel Pfund Heller. Redensarten drücken seine Geringschätzung aus: *keinen roten Heller wert* oder *bis zum letzten Heller*. Im Volkslied *Ein Heller und ein Batzen* kann man mit ihm gerade mal das Wasser bezahlen, während der Batzen zu Wein wird. Die Schulden müssen *auf Heller und Pfennig* beglichen werden. Seiner Beliebtheit tat das keinen Abbruch. Bald wurde der Heller überall nachgeprägt. In der Schweiz lief er als *Haller* um, auch in Sachsen, Hessen, Österreich oder Bayern griff man auf die Bezeichnung *Heller* zurück.

Der ursprüngliche *Heller* aus Schwäbisch Hall zeigt eine Hand und wird deshalb *Händelheller* genannt. Geprägt hat ihn die kaiserliche Münzstätte in Schwäbisch Hall, bis das Recht, Münzen zu prägen, im Jahr 1396 auf die Reichsstadt selbst übergeht. Erwähnt ist Hall erstmals im Öhringer Stiftungsbrief 1037. Da gehört sie den Grafen von Comburg-Rothenburg. Im frühen 12. Jahrhundert geht sie an die Staufer. 1204 wird sie erstmals als Stadt bezeichnet. Um 1280 ist sie politisch selbstständige Reichsstadt.

Hall ist eine reiche Stadt, vor allem durch die Salzgewinnung, aber auch durch ihre Lage an einer wichtigen Fernstraße von Prag über Nürnberg und Rothenburg an den Rhein, denn in Schwäbisch Hall gibt es eine Furt durch den Kocher. 1190 findet in Hall ein kaiserlicher Hoftag statt, an dem 4000 Fürsten und Ritter mit ihrem Gefolge teilgenommen haben sollen. Die Stadt dehnt ihr reichsstädtisches Territorium immer weiter aus und verdrängt alles, was ihrer Selbstständigkeit gefährlich werden kann. Zunächst befreit sie sich vom Einfluss der Schenken von Limpurg. *Ludwig der Bayer* gibt der Reichsstadt 1340 eine Verfassung, die bis 1802 Gültigkeit behält, und die Reichsvogtei über die Comburg. 1541 kauft Hall die Burg Limpurg, nur wenige Kilometer von der Stadt entfernt, 1595 die Herrschaft Vellberg. Schließlich herrscht Hall über ein Territorium von 330 Quadratkilometern mit drei Städten und über 100 Dörfern.

◀ Händelheller um 1300. ▶ Letzter Heller 1798.
▼ Schwäbisch Hall, gedeckte Brücke zum Haalplatz.

1209

Sagenumwoben und geheimnisumwittert

Aus der Zeit der Kreuzzüge stammt die achteckige Ulrichskapelle in Standorf bei Creglingen; sie fällt wegen ihrer besonderen achteckigen Form auf. An ihrer Stelle soll sich ein Heiligtum aus vorchristlicher Zeit befunden haben, sagen die einen. Andere behaupten, das Turiner Grabtuch Christi sei auf seinem Weg von Konstantinopel nach Turin hier eine Zeit lang aufbewahrt gewesen.

Geomantikern gilt die Kapelle als Kraftort. Wünschelrutengänger haben ihre Lage mehrfach untersucht. Das führte zu Auseinandersetzungen zwischen Vertretern der evangelischen Landeskirche, der Stadt Creglingen, zu der Standorf gehört, der Presse und Ortsansässigen und sogar zur zeitweiligen Schließung der Kirche. Inzwischen kann sie innerhalb fester Öffnungszeiten wieder besucht werden. Unterhalb des Kirchleins entspringt eine Quelle, welcher der Volksglaube heilende Kräfte zuschreibt.

Vor der Reformation war die Ulrichskapelle ein beliebter Wallfahrtsort. Am Turm hat man Spuren einer Außenkanzel entdeckt. Ursprünglich besaß der Zentralbau zwei flankierende Türme. Vom Südturm ist jedoch nur ein Stockwerk erhalten geblieben. Zu Spekulationen hat auch die eichene Säule im Innern der Kirche beigetragen, die mit einem germanischen Heiligtum in Verbindung gebracht wurde. Doch die dendrochronologische Untersuchung der Säule führte zu einem eindeutigen Ergebnis und half, das Kirchlein genauer zu datieren. Erstmals erwähnt ist der romanische Bau nämlich erst 1429. Die Eiche, von der die Säule stammt, wurde aber bereits 1209 oder in den Jahren kurz danach gefällt. Kunsthistoriker gehen davon aus, dass sie die Dachkonstruktion abstützen sollte. Gebaut wurde die Kapelle also zu Beginn des 13. Jahrhunderts, unmittelbar nach dem Vierten Kreuzzug. Der fand zwischen 1202 und 1204 statt und führte nur bis Konstantinopel, das die Kreuzfahrer einnahmen und plünderten. Unterstützt wurden sie dabei von Venedig. Es stellte für den Kreuzzug 200 Schiffe zur Verfügung und wollte am Gewinn beteiligt sein. Damals soll auch das Turiner Grabtuch aus Konstantinopel verschwunden sein, das erst im 14. Jahrhundert wieder in der Champagne auftauchte, bevor es nach Turin kam. Das löste eine Welle von Hypothesen aus, die auch die Ulrichskapelle in Standorf als zeitweiligen Aufbewahrungsort einbeziehen. Ihre ungewöhnliche achteckige Form soll der Grabeskirche in Jerusalem nachempfunden sein. Diese allerdings hatte den Grundriss eines Kreises. Und auch andere Achteckkapellen sind im Tauberland bekannt, wie die St. Achatiuskapelle in Grünsfeld und St. Sigismund in Oberwittighausen. Sie sind etwa zur selben Zeit erbaut worden.

Die Eichensäule im Innern der Standorfer Ulrichskapelle ist nach einem dendrochronologischen Gutachten zwischen 1209 und 1229 gefällt worden.

Engel Apotheke

1219

Der Deutsche Orden kommt nach Mergentheim

Drei Brüder erben 1212 die Herrschaft über Hohenlohe. Gottfried ist der älteste und übernimmt die Führung des Hauses. Konrad gründet mit seinem Erbe die Linie Hohenlohe-Brauneck. Heinrich aber ist Domherr in Würzburg und tritt mit zwei weiteren Brüdern, Andreas und Friedrich, in den Deutschen Orden ein. 1219 vermachen sie dem Orden Herrschaftsrechte in Mergentheim.

Daraus entsteht die Deutschordenskommende Mergentheim. Mit seinem Bruder Andreas nimmt Heinrich am Kreuzzug Kaiser Friedrichs II. nach Jerusalem teil und ist dabei, als sich Friedrich II. 1229 in der Grabeskirche als König von Jerusalem huldigen lässt. Heinrich macht an der Seite Friedrichs II. weiter Karriere. 1237 wird er enger Berater des neunjährigen Sohnes des Kaisers, König Konrad IV. Da ist Heinrich bereits Hochmeister des Deutschen Ordens, dem die deutschen Kommenden unterstehen.

Ursprünglich ist der Deutsche Orden ein Krankenpflegeorden gewesen, der sich *Orden der Brüder des Spitals St. Mariens der Deutschen zu Jerusalem* nennt. Die Brüder pflegten verwundete Kreuzfahrer. Das war um das Jahr 1190. Neun Jahre später macht Papst Innozenz III. dann einen Ritterorden aus der Bruderschaft. Der Deutsche Orden erhält Schenkungen von Adelsfamilien im Heiligen Römischen Reich und beginnt dort eine Verwaltungsstruktur aufzubauen. In diesem Zusammenhang ist die Schenkung Mergentheims 1219 an den Deutschen Orden zu sehen, das immer weiter ins Zentrum des Deutschen Ordens rückt. 1280 bekommt Mergentheim Zollrechte, 1340 erhebt Kaiser Ludwig von Bayern auf Bitten des damaligen Deutschmeisters Mergentheim zur Stadt. Seit 1526 befindet sich in Mergentheim die Zentrale des Ordens. Die Burg wird zum repräsentativen Schloss umgebaut, und die Stadt erhält den Charakter einer Residenzstadt.

Nach der Reformation nimmt der Orden Ritterbrüder katholischer, lutherischer und reformierter Konfession auf. Die Katholiken bilden aber die Mehrheit, und die Komturherren sind weiterhin katholisch. Die protestantischen Ritter legen statt dem Ordensgelübde ein Gelöbnis mit denselben Grundsätzen ab: Armut, Keuschheit und Gehorsam. Bis ins beginnende 19. Jahrhundert bleibt der Orden mit seinem weitverzweigten Herrschaftsgebiet als Ritterorden bestehen. Nach dem Verlust seiner Souveränität zieht der Orden nach Wien, ins Deutschordenshaus hinter dem Stephansdom. Da 1919 in Österreich der Adel aufgehoben wird, ändert sich die Struktur und der Orden seitdem als klerikaler Orden von Ordenspriestern geführt. In Mergentheim befindet sich heute das Deutschordensmuseum, das die Geschichte des Ordens und der Stadt Mergentheim zum Thema hat.

▲ Torhaus zum Schloss. ▼ Marktplatz mit Altem Rathaus.

1240

Leofels

Hoch über der Jagst, fünf Kilometer nördlich von Ilshofen, liegt die Burg Leofels. Die Staufer hatten sie in der ersten Hälfte des 13. Jahrhunderts erbaut. Wenig später zerfiel ihre Macht. Als Reichsburg war sie gebaut worden, nun wechselten häufig die Besitzer. Schließlich wollte sie keiner mehr haben.

Die Staufer hatten den Baugrund nach strategischen Gesichtspunkten ausgesucht. Leofels sitzt auf einer Bergzunge, begrenzt von der Jagst im Norden, einer Klinge des Leofelser Bachs im Westen und einem Taleinschnitt im Osten. Nach Süden steigt das Gelände zur Ilshofer Ebene an. An dieser Stelle war die Burg durch einen tiefen Halsgraben gesichert, über den ursprünglich eine Zugbrücke führte. Eine hohe Schildmauer zieht sich um drei Seiten. Von der Vorburg führt eine Rampe hoch zum Zwinger der Kernburg. Die mächtigen Mauern verleihen der Burgruine auch heute noch eine eindrucksvolle Atmosphäre. Kunsthistorisch beachtenswert sind die verzierten Fenster, die auf die einstige Bedeutung der Reichsburg schließen lassen.

Vom Wappentier des Löwen ist ihr Name abgeleitet. Nach dem Niedergang der Staufer war ihre ursprüngliche Funktion als Reichsburg hinfällig geworden. Als *Lewenfels* erscheint sie in einer Urkunde des Jahres 1302. Damals gehörte sie schon dem Würzburger Bischof, der sie aber bald an die Grafen von Württemberg verpfändete. Die gaben sie den Herren von Vellberg zu Lehen. Um 1400 bewohnte Haug von Vellberg Leofels und baute Fachwerkgiebel auf die Mauern, die der Burg zwar ein romantisches Aussehen verliehen, ihren einstigen Charakter jedoch stark veränderten. Zweihundert Jahre später starb der letzte Herr von Vellberg kinderlos, Leofels fiel an die Württemberger zurück, die sie an die Grafen von Hohenlohe vergaben.

Ihr Ende begann mit einem fürchterlichen Gewitter, das sich über der Jagst entlud. 1707 schlug ein Blitz in einen der hohen Giebel ein und löste einen verheerenden Brand aus. Notdürftig instandgesetzt, hielt sie noch eineinhalb Jahrhunderte, bis ein erneuter Brand im Jahr 1864 sie vollständig zur Ruine machte. Die Herren von Hohenlohe aber dachten nicht an einen Wiederaufbau. Das hätte sie zusätzlich eine *Dachsteuer* gekostet, die an das Königreich Württemberg zu zahlen gewesen wäre. Sie gaben deshalb die Dachziegel und das Bauholz, das noch verwertbar war, bei einer Versteigerung zum Abbruch frei. Seitdem ist Leofels eine Ruine. 1977 verkaufte sie Kraft Fürst zu Hohenlohe-Langenburg für einen symbolischen Preis an die Stadt Ilshofen, die sie in den Jahren danach sanierte. Heute ist die Burg Veranstaltungsort der jährlich im Sommer stattfindenden Burgschauspiele Leofels.

▲ Eingang zur Kernburg. ▼ Burgruine Leofels über dem Jagsttal mit Blick auf Hessenau.

Der schenke võ Limpurg ·xxvij·

1255

Der Minnesänger Schenk von Limpurg

Auf dem Stadtgebiet von Schwäbisch Hall liegt die Ruine der Limpurg. Einst gehörte sie mächtigen Grafen, nach denen auch das Limpurger Land mit den Limpurger Bergen benannt ist. Das hat zum großen Teil zu ihrem ehemaligen Herrschaftsgebiet gehört. Einer der bekanntesten Vertreter der Familie ist der Minnesänger *Schenk von Limpurg*. Sein Vorname ist zwar nicht überliefert, aber er lässt sich erschließen.

Drei Schenken von Limpurg aus der zweiten Hälfte des 13. Jahrhunderts kommen dafür in Frage: Walter I. sowie dessen Söhne Walter II. und Konrad. Sie stammen aus einem alten fränkisch-schwäbischen Adelsgeschlecht, das unter den Stauferkaisern das Reichserbschenkenamt innehat, eines der höchsten Reichsämter überhaupt. Damals nennen sie sich noch *Schenken von Schüpf*, haben Wohnrecht auf dem Hohenstaufen, also direkt in der Machtzentrale, und ihren Herrschaftsschwerpunkt am Main.

Um 1230 baut Walter I. von Schüpf nahe der Stadt Schwäbisch Hall die Limpurg und nennt sich fortan *Schenk von Limpurg*. Sein jüngster Sohn Konrad unterstützt den letzten Staufer Konradin, Herzog von Schwaben, König von Jerusalem und Sizilien. Doch die Mehrheit der deutschen Fürsten weigert sich, den Fünfzehnjährigen als deutschen König anzuerkennen. Um solches zu verhindern, hat Papst Clemens IV. Konradin 1267 mit dem Kirchenbann belegt, außerdem Karl von Anjou mit dem Königreich Sizilien belehnt, damit er die Staufer endlich loswürde. Konradin setzt nun alles auf eine Karte, sammelt seine Getreuen, darunter Konrad von Limpurg, um nach Italien zu ziehen, sein sizilisches Königreich zurückzuerobern und den Papst zu zwingen, ihn vom Kirchenbann zu befreien. 1267 wird Konrad von Limpurg im Gefolge Konradins in Pisa erwähnt. Im Sommer wird Konradin mit seinem Ritterheer in Rom empfangen. Doch das Unternehmen verläuft unglücklich. Karl von Anjou besiegt die deutschen Ritter, nimmt Konradin gefangen und lässt ihn in Neapel hinrichten. Konrad von Limpurg gelingt die Rückkehr in die Heimat. Er lebt fortan auf Burg Bielriet über dem Bühlertal bei Schwäbisch Hall.

Kommt er als der gesuchte Minnesänger in Frage? In einem seiner Gedichte beklagt dieser die Trennung von seiner Geliebten *jenseits des Gebirges*. Das passt zu Konrads Italienzug. Von seinem Bruder Walter II. ist kein Italienzug bekannt, von Vater Walter I. schon. Aber die Germanistik ordnet den Stil des Minnesängers nicht der Generation Walters I. zu, sondern der seines Sohnes Konrad. Der wird urkundlich erstmals 1255 erwähnt. Geboren ist er vor dem Jahr 1249 auf der Limpurg. Als er mit Konradin nach Italien zog, war er also um die Zwanzig.

In der Manessischen Liederhandschrift sind sechs seiner Lieder enthalten.

1380

Crailsheim und seine Horaffen

In der Woche vor Fastnacht feiern die Crailsheimer ihren Stadtfeiertag. Meist beginnen die Feierlichkeiten schon am Wochenende und ziehen sich bis zum eigentlichen Feiertag, dem Mittwoch vor dem Fastnachtssonntag hin. Da werden in Kindergärten, Schulen und Senioreneinrichtungen die *Horaffen* verteilt, ein traditionelles Gebäck, das vor über 600 Jahren eine wichtige Rolle für die Crailsheimer gespielt haben soll.

Und das kam so: Im Jahr 1376 schlossen sich 14 schwäbische Reichsstädte zu einem Bund zusammen, um ihre Freiheitsrechte gegen Kaiser und Fürsten durchzusetzen. Der Kaiser rief zum Reichskrieg gegen den Schwäbischen Städtebund auf. Die Reichsstädte aber siegten in mehreren Schlachten und erhielten Zuzug, z. B. durch Nürnberg, Regensburg und Augsburg. Graf Kraft VI. von Hohenlohe kämpfte auf Seiten des Kaisers gegen die Städte. So zog im Herbst 1379 ein Heer der Reichsstädte Schwäbisch Hall, Rothenburg ob der Tauber und Dinkelsbühl nach Crailsheim, das dem Hohenloher gehörte, und belagerte die Stadt monatelang, bis es am Mittwoch vor Estomihi, dem Beginn der Fastensonntage, erfolglos abziehen musste. Warum, das versucht die Sage von den *Horaffen* zu erklären.

Ausgehungert sollten sie werden, bis sie sich endlich ergäben, so der Plan des Städtebundes. Doch die Crailsheimer griffen zu einer List, sammelten das letzte noch vorhandene Mehl und buken daraus die ersten *Horaffen. Horn offen* soll der Name bedeuten. Tatsächlich gleichen die Gebäckstücke einem doppelten Hörnchen, das nach oben offen ist. Vielleicht hatten sich die Crailsheimer überlegt, wie die *Horaffen* am besten flögen, denn die fertig gebackenen *Horaffen* warfen sie über die Mauer ins feindliche Lager. Die Wirkung war phänomenal, denn die Belagerer dachten, dass die Stadt noch für lange Zeit mit Mehl versorgt wäre, und brachen die Belagerung entnervt ab. Nach einer nicht verbürgten Überlieferung soll sich die Bürgermeistersfrau zudem mit ihrem mächtigen Hinterteil auf die Stadtmauer gesetzt haben, um zu beweisen, wie wohlgenährt die Crailsheimer noch seien.

Crailsheim blieb jedenfalls vorerst hohenlohisch, bis die Stadt sieben Jahre nach ihrem Triumph an die Reichsstädte Schwäbisch Hall, Rothenburg und Dinkelsbühl verpfändet wurde, später an die Landgrafen von Leuchtenberg, denn die Hohenloher Grafen brauchten Geld. 1390 verkauften die Leuchtenberger Crailsheim für 26 000 Gulden an die Burggrafen von Nürnberg, die späteren Markgrafen von Brandenburg-Ansbach. Crailsheim gehörte damit zum Fürstentum Ansbach bis zum Ende des 18. Jahrhunderts. Da wurde es für kurze Zeit preußisch, kam 1806 an Bayern und 1810 zu Württemberg.

▲ Horaffen – das Gebäck zum Crailsheimer Stadtfeiertag. ▼ Johanneskirche in Crailsheim.

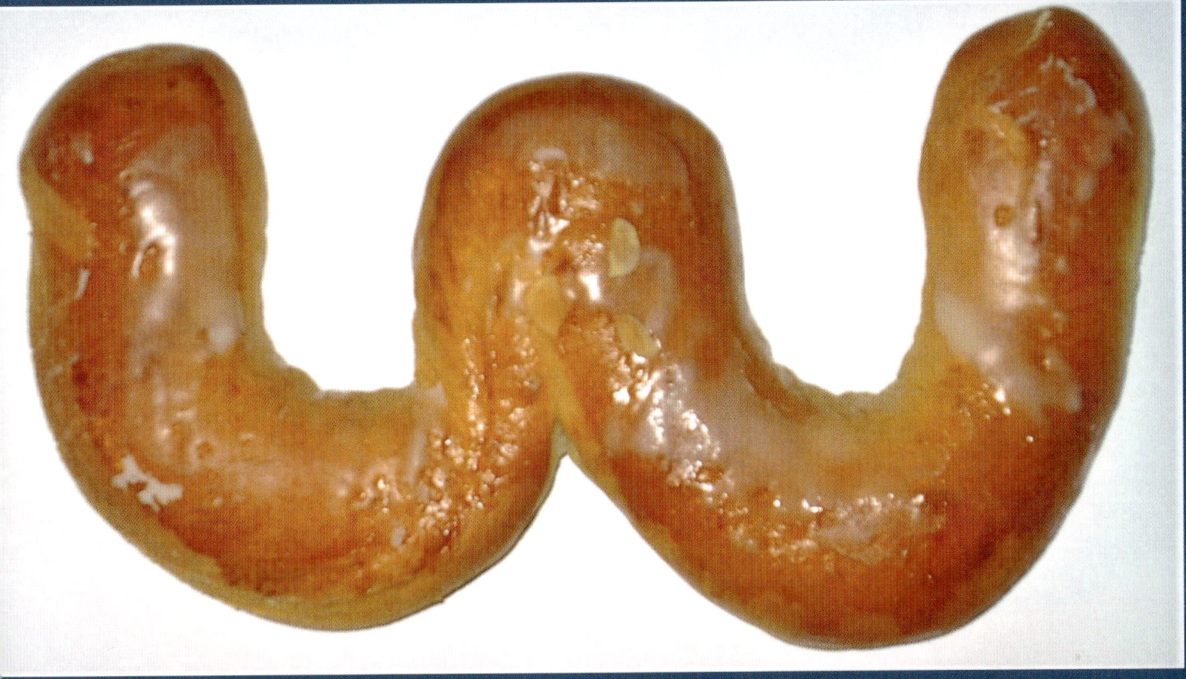

studienkreis
Nachhilfe
Nachhilfe

1465

Wendel Hipler wird in Neuenstein geboren

In Dresden, Leipzig, Berlin, Öhringen und Wüstenrot sind Straßen nach ihm benannt. Neuenstein feiert ihn als eine der bedeutendsten Persönlichkeiten der Stadt und bietet *Kostümführungen mit Wendel Hipler* an. Als Jurist in Diensten der Hohenloher Grafen macht er schnell Karriere. Dann schließt er sich im Alter von 60 Jahren dem Bauernkrieg an und wird einer der führenden Köpfe der Revolution.

Er stammt aus einer reichen Hohenloher Familie. Der Vater, selbst in Diensten der Hohenloher Grafen, schickt den vielversprechenden Sohn zum Jurastudium nach Leipzig. Danach tritt der Zwanzigjährige in die Kanzlei Graf Albrechts II. ein und gewinnt schnell dessen Vertrauen. Unter Graf Kraft VI. zu Hohenlohe übernimmt er die Leitung der Kanzlei und erhält reichen Lehensbesitz. Götz von Berlichingen lobt ihn als *feinen geschickten Mann, als man kaum einen im Rat finden sollt, war auch hohenlohischer Kanzler gewesen.*

Um das Jahr 1500 lässt er bei einer Glashütte eine Siedlung anlegen und gründet das Dorf Finsterrot. Einen Hof in Fischbach baut er zu seinem Hauptsitz aus, nennt sich *Wendel Hipler von Fischbach* und lässt sich ein Wappen mit zwei Fischen ausstellen. Dann erfolgt der Bruch mit dem Grafen. Auslöser ist ein banaler Streit um Fischteiche. Hipler legt sein Amt nieder, verklagt den Grafen beim Reichskammergericht und zieht in die Reichsstadt Wimpfen. Dort arbeitet er als Jurist und vertritt als Anwalt Kläger gegen das Haus Hohenlohe. Nach Ausbruch des Bauernkriegs setzt er sich für die Durchsetzung der *Zwölf Artikel der deutschen Bauernschaft* ein. Als *Bauernkanzler* ist er dabei, als die Hohenloher Grafen in Grünbühl zum Beitritt in die *Christliche Bruderschaft der Bauern* genötigt werden und setzt die Berufung Götz von Berlichingens zum Führer des Bauernheers durch.

Hipler versucht, die verschiedenen Bauernaufstände zu koordinieren, zu einer geeinten Reformbewegung zusammenzuschließen, die auch Angehörige der Ritterschaft und des Bürgertums der Reichsstädte im Kampf gegen Fürstenwillkür einbeziehen soll. Das gelingt ihm in den ersten Wochen des Bauernkriegs auch. Anfang Mai 1525 tritt unter seiner Führung in Heilbronn ein Parlament zusammen. Eine Volksvertretung soll gewählt, Binnenzölle abgeschafft, Münzen, Maße und Gewichte vereinheitlicht werden. Dann rücken die Truppen des Schwäbischen Bundes an, und das Parlament läuft auseinander. Die Revolution ist gescheitert. Hipler gelingt die Flucht nach der Niederlage der Bauern bei Königshofen. Er wird aber bald danach aufgegriffen und im Heidelberger Schloss eingesperrt, wo er im September des Jahres 1526, noch vor der Eröffnung des Prozesses gegen ihn, verstirbt.

▲ Eingang zum Schloss in Neuenstein. ▼ Das Alte Spital in Neuenstein.

1483

Niedernhall und das Salz

Jahrhundertelang hat die Solequelle der Stadt am mittleren Kocher zu Reichtum verholfen. Ein Tor in der Stadtmauer heißt Salztor. Doch Salz wird in Niedernhall schon lange nicht mehr gewonnen, obwohl die Solequelle munter sprudelt und heute ein beliebtes Freizeitbad speist.

Solequellen werden seit Urzeiten genutzt, um Salz zu gewinnen. Grundwasser löst tief in der Erde Salz des einstigen Jurameeres und transportiert es nach oben. Bereits Kelten und Römer haben durch Verdampfen der Sole in der Region Heilbronn–Franken Salz hergestellt und damit gehandelt. *Hall* heißen die Orte, die auf Salzvorkommen hinweisen. Im Unterschied zu der kocheraufwärts liegenden Stadt Schwäbisch Hall, die im Mittelalter nur Hall hieß, nannte man den Ort mit Salzvorkommen kocherabwärts Niedernhall oder *hala inferior*, wie es im Öhringer Stiftungsbrief aus dem Jahr 1037 heißt. Darin wird Niedernhall erstmals genannt. Bei der Gründung des Öhringer Stifts erhielten die Chorherren auch Rechte in diesem Ort. Viele andere Herrschaften waren ebenfalls an Niedernhall interessiert und besaßen dort Rechte und Besitz wie die Herren von Stein, das Kloster Comburg, dann Kloster Schöntal oder der Erzbischof von Mainz. 1356 machte Kaiser Karl IV. Niedernhall zur Stadt. Zwei Drittel gehörten dabei dem Mainzer Erzbistum, ein Drittel den Grafen von Hohenlohe. Das hat zu merkwürdigen Entscheidungen geführt. Die Stadtmauer z. B. wurde zu zwei Dritteln von Mainz und zu einem Drittel von Hohenlohe gebaut. Außerdem besaß die Stadt zwei Schultheißen, was nicht immer gut ging.

Die Saline in Niedernhall wird urkundlich erst 1483 erwähnt. Die Salzgewinnung durch Verdampfung der Sole führte schon im 16. Jahrhundert zu extremem Brennholzmangel. Alle Wälder ringsum waren größtenteils gerodet. Ein Text von 1607 warnt davor, dass – wenn man so weitermache und kein Aufforsten betrieben werde – in wenigen Jahren die Gegend ganz und gar verdorben wäre *und zu lauter Blöße und Lichtung werden muss*. Zehn Jahre lang stand die Saline aus diesem Grund still. Dann führte man die Gradiertechnik ein. Die Sole wird dabei über Reisigwände geleitet und durch Wasserverdunstung an der Luft so verdichtet, dass man zum Salzsieden deutlich weniger Brennmaterial braucht.

In Betrieb blieb die Niedernhaller Saline bis ins 19. Jahrhundert, als Niedernhall zum Königreich Württemberg kam. Dann entdeckten Geologen durch Tiefbohrungen die unterirdischen Salzlager Württembergs und entwickelten Möglichkeiten, das *Steinsalz* wesentlich wirtschaftlicher bergmännisch abzubauen. Da hatten die Salinen in Niedernhall und Schwäbisch Hall keine Zukunft mehr, und ihr Betrieb wurde eingestellt.

Salztor in Niedernhall.

1489

Aus *Hall* wird *Schwäbisch Hall*

Warum noch immer Schwäbisch Hall?, fragt Carlheinz Gräter, der Nestor der Hohenloher Landeskunde, und schiebt nach, das sei ein *so verwunderlicher wie ärgerlicher Name*, denn Schwäbisch Hall liege nun mal im Fränkischen. Jahrhundertelang hieß die Stadt einfach nur Hall.

Die Verwirrung um den Namen bestand aber schon um das Jahr 1500, da war es gerade elf Jahre her, dass die Stadtoberen beschlossen hatten, die Stadt *Schwäbisch Hall* zu nennen. Damals schrieb der Haller Stadtschreiber Zweiffel, er wisse nicht, ob seine Stadt im Schwäbischen oder Fränkischen liege, sondern nur, dass sie am Kocher lag. Was also brachte die Stadt 1489 dazu, sich *Schwäbisch Hall* zu nennen?

Verantwortlich dafür war ein Streit der nach politischer Selbstständigkeit strebenden Reichsstadt mit dem Bischof von Würzburg, denn der beharrte darauf, dass Hall in den Zuständigkeitsbereich des Landgerichts Würzburg falle, um seinen Einfluss in der Stadt zu erhalten. Seit dem 12. Jahrhundert war er auch – zumindest formell – Herzog von Franken, und das Landgericht Würzburg war im 15. Jahrhundert für das Herzogtum Franken zuständig. Was tat die Reichsstadt Hall? Sie bestritt einfach, zu Franken zu gehören, und versuchte, die Auseinandersetzung durch ein klares Bekenntnis zu Schwaben zu ihren Gunsten zu entscheiden – mit äußerst schwachen Argumenten, denn Hall gehörte zum Herzogtum Franken und nicht zum Herzogtum Schwaben. Allerdings war die Stadt einst staufische Königsstadt und damit Teil der Hausmacht der schwäbischen Stauferherzöge, die sich aber auch anderweitig ins Herzogtum Franken erstreckte. Doch Hall konnte wenigstens auf die Chronik des Gislebert von Mons aus dem Jahr 1190 verweisen, der sie als *halla in Suevia* bezeichnete, vermutlich deshalb, weil er staufisch und schwäbisch einfach gleichsetzte.

Dass die Reichsstadt Hall 1489 den Beschluss fasste, sich fortan offiziell *Schwäbisch Hall* zu nennen, entsprach also einer lang verfolgten Politik. So schloss sie sich dem *Schwäbischen Reichskreis* an, obwohl ihre direkten Nachbarn im *Fränkischen Reichskreis* lagen. Im 14. Jahrhundert war Hall auch Mitglied des *Schwäbischen Städtebundes.*

1802 verlor die Reichsstadt ihre Eigenständigkeit und wurde württembergisch. In Stuttgart entschied man, dass sie wieder nur *Hall* heißen sollte, mit dem Zusatz *am Kocher*. Als die Nationalsozialisten 1933 die Macht übernahmen, tauften sie ein Jahr später die Stadt wieder in *Schwäbisch Hall* um. So blieb es auch nach 1945. Unter den Hallern bevorzugt man meist die kürzere Form. Das historische Museum in der stauferzeitlichen Keckenburg nennt sich entsprechend auch *Hällisch-Fränkisches Museum.*

Renaissancehäuser am Marktplatz. Im mittleren Haus befindet sich das Schwäbisch Haller Stadtarchiv.

1493

Wo Götz zur Schule ging

Eines der eindrucksvollsten Fachwerkgebäude in Niedernhall ist das *Götzenhaus*. Hier soll der junge Götz von Berlichingen bei einem Verwandten, dem hohenlohischen Amtsvogt Kunz von Neuenstein, gewohnt haben, während er in Niedernhall zur Schule ging.

Im *Alten Schloss* über der Jagst kommt Götz auf die Welt, 1480 oder 1481 – das lässt sich nicht genau datieren. Er ist das zehnte und letzte Kind des Kilian von Berlichingen und der Margaretha von Thüngen. Was soll aus dem Buben werden? Seine Erbaussichten sind eher bescheiden. Die Kindheit verbringt er im alten Gemäuer der väterlichen Burg. Mit der heutigen *Götzenburg* in Jagsthausen hat sie wenig zu tun. 1876 wird diese im Stil englischer Landsitze vollständig umgebaut. Willibald Alexis hat das *Alte Schloss* 1833 noch erlebt: *Ein einziger Schlüssel öffnet dies einzige morsche Eichentor der Burg, welche einmal einer kaiserlichen Exekutionsarmee Trotz bot, und man sieht, dass die Herrlichkeiten einer reichsfreien Ritterburg sich auf dem Papiere glänzender ausnehmen als in der Wirklichkeit.* Alles könne er sich vorstellen, schreibt Alexis, *aber nicht, wie die Wucht eines geharnischten Götz über diese Treppen konnte und sie brachen nicht.*

In seiner Lebensbeschreibung vermerkt Götz, *dass ich ein wunderbarlicher junger Knab gewesen und mich dermaßen in meiner Kindheit erzeiget und gehalten, dass männiglich daraus gespürt und abgenommen, dass ich zu einem Kriegs- oder Reitersmann geraten würde.* Mehrfach habe er darum gebeten, dass man ihn in die Fremde ziehen lasse. Doch die Eltern sind der Ansicht, er solle erstmal Schreiben, Lesen und Rechnen lernen. So kommt er zur Verwandtschaft nach Niedernhall. Ob er tatsächlich um das Jahr 1493 im *Götzenhaus* gewohnt hat, ist fraglich. Das Landesamt für Denkmalpflege geht davon aus, dass das so bezeichnete Gebäude – zumindest in seiner heutigen Gestalt – erst einige Jahrzehnte später entstanden ist. Jedenfalls gefällt es dem jungen Götz in Niedernhall nicht besonders, weil er, wie er schreibt, *nicht viel Lust zur Schul, sondern vielmehr zur Reiterei* hat. Schließlich hat sein Vater ein Einsehen und gibt ihn nach einem Jahr Schulbesuch zu einem anderen Onkel, dem Ritter Conrad von Berlichingen, dem er drei Jahre als Reiterbub dient. Trotz seiner kurzen Schulzeit ist Götz in der Lage, Briefe zu schreiben, zu rechnen – und ein paar Brocken Latein beherrscht er auch.

Götz wird Kriegsmann. Mit Mitte Zwanzig verliert er seine rechte Hand. Er ist verzweifelt, doch er lässt sich nicht unterkriegen. Mit seiner eisernen Armprothese wird er zum Mythos – und vermögend. 1517, er ist jetzt Mitte Dreißig, kauft er die Burg Hornberg am Neckar.

Das Götzenhaus in Niedernhall ist heute Stadtmuseum.

1505

Riemenschneiders Creglinger Lichtwunder

Vom 15. bis zum 31. August ist in der Creglinger Herrgottskapelle *Lichtwunderzeit*. Obwohl seit 1530 evangelisch, wird diese katholische Tradition zu Mariae Himmelfahrt bis heute gepflegt. Andachten finden statt, wenn die Sonne durch ein Fenster auf den Marienaltar fällt. Das geschieht nur um Mariä Himmelfahrt und ist keineswegs zufällig.

Am besten sieht man das Creglinger Lichtwunder zwischen 17.00 und 18.00 Uhr. Da fällt das nachmittägliche Sonnenlicht durch ein bestimmtes Kirchenfenster direkt auf die Marienfigur in Tilman Riemenschneiders Altar. Jede Beleuchtung ist abgeschaltet, wenn die Andächtigen darauf warten, dass der erste Sonnenstrahl auf Maria fällt und die kunstvoll geschnitzte Figur aus ihrem dunkleren Umfeld hebt. Riemenschneider hat den Altar so ausgerichtet, dass dieses Lichtwunder exakt am Tage der Himmelfahrt Mariens beobachtet werden kann.

Zwei Herren von Hohenlohe-Brauneck haben die Herrgottskapelle 1389 gestiftet. Nach der Legende soll hier ein Bauer beim Pflügen eine Hostie in seinem Acker gefunden haben. Danach ereigneten sich an dieser Stelle weitere Wunder, und dies führt zur Errichtung einer Wallfahrt durch das Bistum Würzburg. Wenige Jahre vor der Reformation erhält der Würzburger Bürger und Bildhauer Tilman Riemenschneider den Auftrag, für die Wallfahrtskapelle einen Marienaltar zu schaffen. Riemenschneider sitzt im Rat der Stadt und ist Zunftmeister, angesehen und recht vermögend. Er besitzt mehrere Häuser in der Stadt, Grundbesitz, Weinberge und eine florierende Werkstatt mit einigen Gesellen. 1520 wird er zum Bürgermeister Würzburgs gewählt.

Den Creglinger Marienaltar, eines seiner bedeutendsten Kunstwerke, schuf Riemenschneider in den Jahren 1505 bis 1508. Im Zentrum ist die Himmelfahrt Mariens dargestellt. Maria schwebt über den zwölf Aposteln. Engel führen sie empor. Der Hochaufsatz über dem Mittelteil zeigt die Krönung Mariens durch Gott, zur Linken sitzt Jesus Christus.

Und Riemenschneider? 1525 verbündet sich die Stadt Würzburg mit den Bauern, welche die Festung des Bischofs auf dem Marienberg belagern. Der Bischof droht den Bürgern wegen ihrer Haltung mit der völligen Zerstörung der Stadt. Schließlich aber besiegt das Heer des Schwäbischen Bundes das Bauernheer. Alle Ratsherren werden verhaftet, in dunkle Verliese gesperrt und gefoltert. Nach einer nicht bewiesenen Überlieferung werden Riemenschneider dabei beide Hände gebrochen. Sein halbes Vermögen muss er dem Bischof zahlen, damit er freikommt. Der sorgt dafür, dass er keine Aufträge mehr erhält und bald in Vergessenheit gerät.

Marienaltar.

1516

Die Stuppacher Madonna von Grünewald

Eine eigene Kapelle hat man für das Bild gebaut, gleich bei der Pfarrkirche *Mariä Krönung* in Bad Mergentheim-Stuppach. Es gilt als eines der Hauptwerke Grünewalds und hat eine aufregende Geschichte hinter sich. Erst im 19. Jahrhundert kam es nach Stuppach, war mehrfach übermalt und wurde nach seiner Entdeckung aufwendig restauriert.

Bis zum Beginn des 19. Jahrhunderts war es in Vergessenheit geraten. Als 1809 die Deutschordenskommende aufgehoben wurde, entdeckte es der Pfarrer von Stuppach. Wer es gemalt hatte, wusste er nicht. Vielleicht Rubens?, rätselte man. Er kaufte es für seine Dorfkirche. Als diese 1854 umgebaut wurde, schnitt man das Bild für den neuen Rahmen des Hochaltars auf allen Seiten zurecht. Erst 1881 war Kunsthistorikern klar, dass es sich um ein Hauptwerk Grünewalds handelte. Die Gemeinde ließ das Bild von 1926 bis 1931 in Stuttgart gründlich restaurieren und hängte es anschließend in eine eigens dafür an die Pfarrkirche gebaute Kapelle. Der Kunsthistoriker Wilhelm Fraenger schrieb dazu: *Diesem Bild ist es widerfahren, dass ein Bauernmaler die schadhaften Stellen auf seine Weise restaurierte. So hat der üble Pinsel dieses Tünchermeisters den ganzen Himmel überschmiert. Auch das Gesicht der Madonna, wie Kopf und Körperchen des Jesusknaben, wurden mit einer dicken Farbenkruste zugedeckt.* Das alles musste vorsichtig abgenommen werden, damit die ursprünglichen Farben wieder zum Vorschein kamen.

Matthias Grünewald hat das Bild zwischen 1514 und 1516 für die Stiftskirche *St. Peter und Alexander* in Aschaffenburg gemalt – in seiner Isenheimer Werkstatt, während er sein anderes Hauptwerk, den Isenheimer Altar, schuf. Doch bereits 1531 wurde das Bild wieder abgenommen und verschwand, bis es 1809 in Mergentheim wieder auftauchte.

Matthias Grünewald gilt neben Albrecht Dürer als der bedeutendste Maler der deutschen Renaissance. Seit 1508 arbeitete er als Hofmaler des Erzbischofs von Mainz. Er war dort auch als geschätzter Wasserbauingenieur für die Anlage von Brunnen und Wasserleitungen eingesetzt. In der Zeit kurz nach dem Bauernkrieg 1525 erfolgt ein schwer zu erklärender Bruch in seiner Karriere. Grünewald schied aus dem einträglichen und ehrenvollen Hofdienst in Mainz aus und ließ sich in Frankfurt als Seifensieder nieder. Hatte er Sympathien für die Revolution gezeigt? Vielleicht als das Erzbistum Mainz – gezwungenermaßen – Mitglied der *Christlichen Bruderschaft der Bauern* war? Bekam er deshalb keine Aufträge mehr? Aus der Zeit nach 1525 ist jedenfalls kein größeres Werk Grünewalds mehr bekannt. Um 1530 soll er gestorben sein.

Stuppacher Madonna von Matthias Grünewald.

THE DEVIL AND Dr. FAUSTUS.

1521

Doktor Faustus bei den Salzsiedern

Bald nach seinem Ableben ist Faust bereits zur literarischen Figur geworden. 1578 gab Johann Spies in Frankfurt das erste Faustbuch heraus. 1599 schreibt der Schwäbisch Haller Georg Rudolf Widmann eine *Wahrhaftige Faust-Historie.* Darin findet sich eine Teufelsbeschwörung besonderer Art, die sich in Schwäbisch Hall zugetragen haben soll.

In der Schuhgasse sei Faust eingekehrt und habe kräftig gebechert. Mit seinem Wirt sei er dann am Kocher spazieren gegangen, als ein paar Salzsieder vorbeikamen und ihren Spott mit dem merkwürdig gekleideten Fremden trieben. Weiter heißt es im Text: *D. Faustus, nicht unbehend, zeucht die Hosen ab, zeigt ihnen den Hintersten, da fuhr heraus ein ganz feuriger Strahl, auf die Sieder zu, und fiel in den Kochen ins Wasser. Der Strahl fuhr am Wasser auf und nieder und witscht denn zuletzt unter das Wasser. Bald steigt ein kohlschwarzer Mann heraus, ganz zottig, ging auf die Sieder zu. Als sie solches sahen, liefen sie von der Brücke. Es soll sich auch D. Faustus haben vernehmen lassen, wenn ein Sieder darunter, so auf der Brücke gestanden, wär in das Wasser gefallen, so hätte ihn der Teufel getötet.*

In Hall erinnert eine steinerne Tafel gleich hinter dem Marktplatz an den Faustbesuch. Sie beginnt mit folgenden Versen des Heimatdichters Heinz Sausele: *Als Doktor Faust gen Hall einst kam, zum Schuhbäck stracks den Weg er nahm.* Ob er tatsächlich in Hall war? Die Quellenlage ist dürftig. Im Gästebuch des Rats der Stadt findet sich ein Eintrag von 1521. Da heißt es: *Dem fremden Doktor, dem Philosophen, 4 Kannen.* Vier Kannen Wein hat ihm also der Rat spendiert, während sonst für adlige Gäste nur zwei üblich waren. Ein vergleichbarer Eintrag vom 12. Februar 1520 steht im Rechnungsbuch der Kammer des Fürstbischofs Georg Schenk von Limpurg: *Item zehn Gulden gegeben und geschenkt Doctor Faustus Philosopho.* Er hatte dem hohen Herrn ein Horoskop ausgestellt.

Melanchthon, der Reformator und Humanist aus Bretten, schreibt zu Faust: *Ich habe einen gekannt aus Knittlingen, ein kleines Städtlein, nicht weit von meinem Vaterland.* Er hält ihn für einen Scharlatan, einen *heimlichen Verbündeten des Teufels.* Ähnlich äußert sich der Sponheimer Abt Johannes Trithemius. Aber es gibt keinerlei Hinweise, dass Faust jemals mit dem Gesetz in Konflikt gekommen wäre. Kirchliche wie weltliche Herren suchen bei ihm Rat, zuletzt der Freiherr von Staufen im Breisgau. Faust soll Gold für ihn machen, da der edle Herr bis zum Hals in Schulden steckt. Bei seinen Versuchen fliegt seine Alchimistenküche in die Luft. Den hat endlich der Teufel geholt, sind sich die Leute sicher.

▲ Faust beschwört den Teufel. Englische Buchillustration aus dem 19. Jh.

▼ Fachwerkhäuser an der Kocherbücke

1522

Johannes Brenz

Als Kanoniker an der Heidelberger Heiliggeistkirche lehrt der 22-jährige Brenz Philosophie und Sprachen an der Universität, als ihn eine Einladung aus Schwäbisch Hall erreicht. Er soll zu einer Probepredigt kommen. Man suche einen Prädikanten für die Stadtkirche St. Michael.

Brenz kommt, predigt, und der Haller Rat gibt ihm im September 1522 die Prädikatur an St. Michael – und das, obwohl er weiß, dass er ein Anhänger Luthers ist. Eng arbeitet Brenz mit anderen Pfarrern der Stadt zusammen, Johann Isenmann und Michael Gräter, seinen einstigen Studiengenossen. In der Stadt tut sich was. Der Rat verbietet den Geistlichen das uneheliche Zusammenleben mit Frauen und fordert sie zur Eheschließung auf. 1526 feiert Brenz das Abendmahl mit Brot und Wein in St. Michael. Ein Jahr später wird die Heilige Messe in St. Michael ganz abgeschafft. In diesen Jahren setzt sich die Reformation in Hall durch, und Brenz heiratet die Witwe eines Haller Ratsherrn. Damit erhält er das Haller Bürgerrecht und steigt in die Oberschicht der Stadt auf. Auf Reichsebene ist *Luthers Mann in Süddeutschland* ein gesuchter Theologe. Er nimmt 1529 am Marburger Religionsgespräch teil, ein Jahr später am Augsburger Reichstag als offizieller Delegierter des Markgrafen von Brandenburg-Ansbach-Kulmbach, und wirkt an der gemeinsamen neuen Kirchenordnung für die Markgrafschaft und die Reichsstadt Nürnberg mit.

1534 führt Herzog Ulrich in Württemberg die Reformation durch. Brenz soll eine neue Württembergische Kirchenordnung erarbeiten. Er reist nach Stuttgart, schafft eine neue Gottesdienstordnung und einen Katechismus für die Jugend. Zwei Jahre später reformiert er die Universität Tübingen und baut dort die evangelische theologische Fakultät auf.

1546 ist Brenz wieder in Hall, als die Truppen Karls V. während des Krieges zwischen protestantischen Fürsten und dem Kaiser in die Stadt einziehen. Der Kaiser sucht mit Gewalt, gegen die Reformation vorzugehen. Spanische Söldner plündern sein Haus. Brenz soll auf kaiserlichen Befehl verhaftet werden, erhält einen Wink und flieht nach Württemberg. Als Delegierter Württembergs reist er 1552 zum Konzil nach Trient. Ein Jahr später macht ihn Herzog Christoph zum Stiftspropst von Stuttgart, außerdem zum herzoglichen Rat. Brenz wirkt maßgeblich an der Großen Kirchenordnung von 1559 mit. Hoch geehrt stirbt er 1570 im Alter von 71 Jahren. Aus zwei Ehen hat er 18 oder 19 Kinder und mindestens 50 Enkel. In der Stuttgarter Stiftskirche liegt er begraben, nicht ganz unverfänglich für seine Nachfolger. Brenz: *Sollte je ein Prediger das Evangelium verfälschen, so will ich mein Haupt aus dem Grabe heben und rufen: Du lügst!*

Johannes Brenz, geboren anno 1499 in Weil in Schwaben (Weil der Stadt), gestorben am 20. September 1570 in Stuttgart. Holzschnitt eines Zeitgenossen in einer Werkausgabe von 1590.

IOANNES BRENTIUS
Theologus
B
Nasc. Weillæ in Suevia,
A°. 1499.
Ob. Stutgardiæ,
A°. 1570. 20. Sept.

SCHÖN HIER!
ABER WAREN SIE SCHON MAL IN DER ALTEN ABTEI?

1525

Georg Metzler und der Bauernkrieg

Goethe lässt Metzler in seinem *Götz von Berlichingen* auftreten – als radikalen und gewalttätigen Bauernführer. In Urkunden aus dem Bauernkrieg wird er *Obristfeldmeister* genannt. Den *Hellen Haufen* führt er an – bis zuletzt. Dann verschwindet er spurlos.

Der Ochsenwirt aus dem mainzischen Städtchen Ballenberg, wenige Kilometer nördlich von Kloster Schöntal an der Jagst, führt das *Evangelische Heer* der Bauern aus dem Schüpfgrund am 4. April 1525 nach Schöntal. Der Ort ist klug gewählt. Verpflegung und Wein gibt es genügend in den Klosterkellern und Scheunen. Metzler fordert alle Bauern der näheren und ferneren Umgebung dazu auf, *in brüderlicher Liebe* nach Schöntal zu kommen, um *dem Worte Gottes und der Lehre Pauli Beistand und Folge zu tun und das Übel zu strafen und auszureuten unter Geistlichen und Weltlichen, Edlen und Unedlen.*

An die 2000 Bauern aus dem Rothenburgischen schließen sich an, außerdem die von Jäcklein Rohrbach geführten Neckartäler. Um die 12 000 bewaffnete Bauern sollen sich in den ersten Apriltagen in Schöntal eingefunden haben. 3000 Handbüchsen und sogar Kanonen führen sie mit. In aller Eile hat der Abt wichtige Dokumente und kostbare Gegenstände nach Frankfurt in Sicherheit bringen lassen.

Von Schöntal zieht Metzler am 10. April mit 8000 Mann nach Neuenstein, um die Hohenloher Grafen zum Eintritt in die *Christliche Bruderschaft* zu drängen. Diese müssen sich auf dem *Grünbühl* beim Bauernheer einfinden, wo man ihnen mitteilt: *Bruder Albrecht und Bruder Georg, kommt her und gelobet den Bauern, bei ihnen als Brüder zu bleiben und nichts wider sie zu tun. Denn ihr seid nimmer Herren, sondern Bauern, und wir sind Herren von Hohenlohe, und unseres ganzen Heeres Meinung ist, dass ihr auf unsere zwölf Artikel, welche von Schöntal euch zugekommen, schwören und mit uns auf 101 Jahre zu halten unterschreiben sollt.* Die Grafen unterschreiben. Was bleibt ihnen anderes übrig?

Dann führt Metzler das Bauernheer nach Heilbronn, das sich der *Christlichen Bruderschaft* ebenfalls anschließen und eine Truppe stellen muss. Von da geht es nach Gundelsheim, wo Götz von Berlichingen dazu gebracht wird, die Hauptmannschaft für vier Wochen anzunehmen. Die Anführer der einzelnen Bauernhaufen entscheiden aber weiterhin gemeinsam im *Bauernring*, vor dem sich auch Metzler und Götz verantworten müssen. Zusammen mit Letzterem geht es bis nach Würzburg. Noch bei der letzten Schlacht gegen die Truppen des Schwäbischen Bundes bei Königshofen, als sich Götz längst davongemacht hat, führt Metzler das Bauernheer an. Danach gilt er als verschollen. Er soll sich einer Räuberbande angeschlossen haben.

Hauptfront der Abteikirche in Schöntal.

1561

Die Berlichinger Juden

Judenbegräbnis heißt die Flur, südöstlich des Dorfes Berlichingen hoch über der Jagst gelegen und zweitausend Ellen entfernt vom Ort, wie es das damalige Gesetz vorschrieb. Der größte jüdische Landfriedhof Nordwürttembergs war einst nicht nur Begräbnisplatz der Berlichinger Juden, sondern auch für Juden aus Adelsheim, Sennfeld, Merchingen, Hollenbach, Hohebach, Nagelsberg, Braunsbach, Bieringen, Ernsbach und Künzelsau.

Gut 1200 Grabsteine finden sich auf dem Berlichinger Judenfriedhof. Der älteste stammt von 1662, der letzte von 1932. Mehr als 2000 Bestattungen fanden hier statt. Neben jüdischen Namen wie Thalheimer, Kahn, Rosenbaum, Gottlieb und Levy fällt auch der Name *Berlinger* auf, abgeleitet vom Ortsnamen *Berlichingen*, den die Berlichinger in ihrer Mundart bis heute *Berlingen* nennen.

Hohe Rotbuchen und Eichen wachsen heute auf dem Gelände, das vor einem halben Jahrtausend als jüdischer Begräbnisplatz angelegt wurde. Die Steine stehen nach jüdischem Brauch unverändert, bemoost, mit Flechten bedeckt, im Laufe der Zeit windschief geworden, mit hebräischen Schriftzeichen und kunstvoller Ornamentik verziert. Seit 1985 weist am Eingang zum Friedhof ein Gedenkstein auf die Geschichte der Juden in Berlichingen und die Opfer nationalsozialistischer Verfolgung und Vernichtung hin.

Seit 1561 sind Juden in Berlichingen bezeugt. Der Ort gehörte den Herren von Berlichingen und dem Kloster Schöntal, und beide Ortsherrschaften nahmen Juden auf. Viele von ihnen waren aus Städten und Herrschaften der Umgebung vertrieben worden. Nach dem Dreißigjährigen Krieg bauten jüdische Familien zerstörte und verlassene Höfe wieder auf. Um 1700 gab es im Dorf eine *Judengasse* und einen *Judenplan*. Die höchste Zahl erreichte die Judengemeinde in Berlichingen 1854 mit 249. Das waren 16,3 Prozent der Einwohner. Bis Mitte des 19. Jahrhunderts war Berlichingen Sitz eines eigenen Bezirksrabbinats. Das wechselte 1851 nach Mergentheim. Zwei koschere Gaststätten gab es am Ort, die *Krone* und den *Löwen*.

1933 lebten noch 68 Juden im Dorf. Manchen von ihnen gelang noch vor den einsetzenden Verfolgungen die Auswanderung. Während der Reichsprogromnacht 1938 zerstörten Berlichinger und Schöntaler Nationalsozialisten das Innere der Synagoge und plünderten jüdische Wohnhäuser. 1939 wurde die jüdische Gemeinde dann für aufgelöst erklärt und die zu Kriegsbeginn noch in Berlichingen lebenden Juden alle deportiert und ermordet. Einige ehemalige jüdische Wohnhäuser in Berlichingen erinnern an die jüdische Vergangenheit. Sie stehen unter Denkmalschutz. Das älteste, das gleichzeitig Gemeinde-Armenhaus war, stammt noch aus dem 17. Jahrhundert.

Grabstein auf dem Judenfriedhof in Berlichingen.

1596

Schloss Weikersheim

Die einstige Wasserburg war Stammsitz der Herren von *Wighartesheim.* Schon Mitte des 12. Jahrhunderts wird sie erwähnt. Zwei Brüder sind die Herren einer staufischen Burg, Konrad und Heinrich. Konrad nennt sich bald *von Weikersheim,* Heinrich dagegen *von Hohenloch* – nach der Burg *Hohlach.* Über 400 Jahre später erbt Graf Wolfgang II. von Hohenlohe-Langenburg Weikersheim und hat viel mit der Burg seiner Ahnen vor.

Die alte Wasserburg mit der mächtigen Ringmauer erscheint dem neuen Herrn nicht mehr zeitgemäß. Er ist weit herumgekommen in der Welt, hat Frankreich, England und Österreich bereist. Ihm schwebt eine großzügige Schlossanlage im Stil der Renaissance vor. 1596 fängt er zu bauen an, zehn Jahre später ist er im Wesentlichen fertig. Doch das Schloss sieht noch lange nicht so aus, wie wir es heute kennen. Erst in der Barockzeit erhält die Gesamtanlage ihre heutige Form. Der prachtvolle Rittersaal wird aber bereits 1605 vollendet, fünf Jahre vor dem Tod des Bauherrn. Er verfügt über eine frei tragende Decke mit einer über und über mit Jagdmotiven bemalten Kassettendecke. Balthasar Katzenberger aus Würzburg hat sie gestaltet. An einer der Stirnseiten thront ein überdimensionaler Kamin – mit kostbarer Bildhauerei verziert.

Hundert Jahre später übernimmt Carl Ludwig Graf zu Hohenlohe die Residenz. Er ist der Urenkel von Graf Wolfgang II. und herrscht im Weikersheimer Schloss fast fünfzig Jahre bis zu seinem Tod 1756. Jetzt erhalten Schloss und Park ihre barocke Form. Anregungen dazu hat er auf seinen Reisen durch Frankreich und Italien bekommen. Eine besondere Vorliebe hat er für Wasserspiele und Skulpturen. Auch eine Orangerie lässt er sich bauen.

Besonders eindrucksvoll ist das riesige Schlafzimmer seiner Frau, Gräfin Elisabeth Friederike Sophie, mit einem Prunkbett, in dem sie nie geruht hat. Ihr eigentliches Schlafzimmer hatte sie im *Langenburger Bau.* Das überdimensionale Himmelbett im Saalbau des Schlosses dagegen hat nur repräsentative Funktion. Schlafen kann man darin kaum. Die Gefahr, sich an den zahlreichen Verzierungen zu verletzen, wäre zu groß, außerdem ist es ungewöhnlich hoch. Elisabeth Friederike Sophie von Öttingen-Öttingen lebt von 1691 bis 1758 und ist eine Cousine der Kaiserin Elisabeth Christine sowie die Tante der späteren Kaiserin Maria Theresia.

Heute gehören Schloss und Park dem Land Baden-Württemberg. 1967 hat es die Anlage für 5,5 Millionen DM erworben und seitdem für ein Vielfaches dieser Summe saniert. Die einstigen Wohngemächer sind in ihrer originalen Ausstattung für jedermann zugänglich. In den 1990er Jahren wurden auch Park und Orangerie in ihrer barocken Form wiederhergestellt.

▲ Hofdame der Zwergengalerie. ▼ Rittersaal.

1598

Der Schwarze Hof zu Ingelfingen

Er zählt zu den bedeutendsten Fachwerkbauten der Renaissancezeit in Hohenlohe. Die Stadt Ingelfingen erwarb ihn 1998, um ihn vor dem Verfall zu retten. Ende des 16. Jahrhunderts soll der *Schwarze Hof* als Adelspalais entstanden sein. So lässt es eine Bauinschrift vermuten, doch die Geschichte des Hauses ist viel älter.

Über die Fenster im ersten Obergeschoss des Nordflügels verläuft – vom Hof aus gesehen – eine Bauinschrift: *Anno 1597 hat Seifert von Mühlen dies Haus Mit Gottes Hilf von Neuem angefangen zu bauen und in Anno 1598 auch mit Gottes Hilf vollendet.* Die Formulierung weist darauf hin, dass hier bereits ein Gebäude stand und vermutlich in die Neugestaltung einbezogen wurde. Dass Seifert von Mühlen 1594 von dem hohenlohischen Vogt Georg Ludwig Heber den *Schwarzen Hof* gekauft hat, ist erwiesen und ebenso, dass Heber es zuvor von der Witwe eines Herrn von Helfenstein erworben hatte. Von Mühlen war Hofmeister und Rat der Grafen Ludwig Casimir und Wolfgang II. Bei der aufwendigen Sanierung konnte man die Geschichte des Hauses bis in die Zeit vor der Erbauung der Stadtmauer im Jahr 1357 zurückverfolgen. Über dreihundert Jahre hat es als Adelspalais gedient. 1701 wurde es Verwaltungssitz der Herrschaft Hohenlohe-Ingelfingen.

Der ungewöhnliche Name *Schwarzer Hof* findet sich urkundlich erst im 19. Jahrhundert, war aber schon lange davor gebräuchlich. Treppen und Türen in seinem Innern waren tiefschwarz angestrichen – wohl von Anfang an. Warum, weiß keiner. 1752 bat ein hohenlohischer Geheimrat, der im *Schwarzen Hof* wohnte, man solle doch bei der anstehenden Sanierung wenigstens die Türen in einer anderen Farbe streichen. Doch die Herrschaft lehnte ab. Die Türen und Treppen blieben schwarz. Bei jüngsten Bauuntersuchungen konnten schwarze Farbreste auf Treppen und Türen sogar aus der Renaissancezeit nachgewiesen werden, und man war sich einig, dass bei ihrer Restaurierung keine andere Farbe als Schwarz in Frage komme. Doch die Räume hatten seit der Renaissance keinen tristen, sondern eher einen hellen und bunten Charakter. Die Gefachwände im Innern waren farbig ausgemalt, teilweise mit grünen und gelben Ornamentbändern und -linien, teilweise dekorativ mit floralen Motiven und die Eichenbalken bis zum Giebel rot gefasst. Ähnlich prächtig wirkt der Innenhof, den der Besucher durch ein großes Sandsteinportal betritt. Zierfachwerk und Laubengänge sind aufwendig gestaltet.

Heute wird der *Schwarze Hof* als Kulturhaus für öffentliche Veranstaltungen wie Konzerte des Hohenloher Kultursommers und private Feiern genutzt. Regelmäßig finden Führungen durch den *Schwarzen Hof* statt.

Innenhof.

1998–2001
RENOVIERT UND UMGEBAUT

1677

Öhringen wird Residenzstadt

Respektvoll halten die Giebelhäuser am mittelalterlichen Öhringer Marktplatz Abstand zur Stiftskirche und dem Renaissanceschloss, die ihnen gegenüberstehen. Die Stiftskirche wurde Ende des 15. Jahrhunderts errichtet, an Stelle des ersten Steinbaus, der schon um das Jahr 1000 entstand. Die ältesten Teile des Schlosses stammen dagegen aus dem frühen 17. Jahrhundert.

Als *villa oringowe* wird Öhringen 1037 erstmals im Stiftungsbrief für die Chorherren bezeichnet, also als Ortschaft an der Ohrn. 1472 erscheint *Öhringen* bereits als Stadt in hohenlohischem Besitz. Allerdings haben auch Adelshäuser der Umgebung wie die Herren von Berlichingen in der Stadt Grundbesitz und damit verbundene Rechte. Mit der Reformation 1556 erlöschen die letzten Rechte der Chorherren, und die Hohenloher übernehmen die Verwaltung des Stiftsvermögens.

Zur Residenzstadt macht Öhringen Johann Friedrich I., Graf von Hohenlohe und Gleichen. Er ist Senior des Gesamthauses Hohenlohe und hat damit die Ehre, vom Kaiser nach dessen Krönung die Reichslehen für das gesamte Haus Hohenlohe persönlich zu empfangen. Doch in Hohenlohe sind alle Söhne erbberechtigt, nicht nur die ältesten. So gibt es ständig Erbteilungen, und die Herrschaftsgebiete werden demensprechend immer kleiner. Aber manchmal, etwa wenn eine Linie ausstirbt, fallen sie auch wieder zusammen. Bei der Erbteilung 1677 erhält Johann Friedrich I. Öhringen. Bisher hat er sich meist in seinem Schloss Ehrenstein im thüringischen Ohrdruf aufgehalten. Nun will er die kleine Stadt an der Ohrn zu seiner Residenz ausbauen. Das verschafft Öhringen einen bisher nie gekannten Aufschwung. Ein regelrechter Bauboom setzt ein, und fleißig gebaut wird auch unter seinem Sohn Johann Friedrich II. So entwickelt sich Öhringen schließlich mit seinen 3000 Einwohnern zur größten der 17 hohenlohischen Städte.

Die ständige Erweiterung des Öhringer Schlosses spiegelt diesen Aufstieg wider: Johann Friedrich I. lässt den Marstallbau an das Schloss anfügen, sein Sohn erweitert das Schloss ebenfalls und ersetzt das Satteldach durch ein Mansardendach. Ein Jahr vor seinem Tod erhebt den Achtzigjährigen Kaiserin Maria Theresia in den Fürstenstand. 1770 bis 1775 folgt unter seinem Sohn und Nachfolger Fürst Ludwig Friedrich Karl der Remisenbau und 1812 schließlich der Prinzenbau. Da ist Hohenlohe allerdings kein eigenständiges Staatswesen mehr und gehört schon zum Königreich Württemberg. Im 18. Jahrhundert erfolgt auch die Anlage des Hofgartens, zunächst im französischen Stil mit Gewächshäusern und einem Hoftheater, um 1800 dann als *Englischer Garten*.

▲ Marktplatz Öhringen. ▼ Öhringer Schloss mit Marstall, Remisenbau und Prinzenbau.

1683

Abt Knittel

Ein Arm, der einen *Knüttel* schwingt – aber nicht irgendeinen! Laut Abt Knittel handelt es sich um die Keule des Herkules, die aus einer Wolke an gepanzertem Arm erscheint. Das *redende* Wappen deutet den Namen. Knüttel oder Knüppel ist im Deutschen synonym zu Keule. Die Wolke deutet auf himmlische Sphären – ein streitbarer Abt also im Dienste des Herrn.

Bekannt geworden ist der Schöntaler Abt Benedikt Knittel durch seine Versdichtung, obwohl er die *Knittelverse* nicht erfunden hat, wie fälschlicherweise behauptet wird. Die sind älter und leiten sich von dem mittelalterlichen Wort *Knittel* für *Reim* ab. Überall im Kloster trifft man auf seine Verse: auf Weinfässern, über Eingangsportalen, Treppenhäusern, unter Heiligenfiguren, selbst in Grundbüchern. Meist sind sie auf Latein verfasst, hin und wieder durch deutsche Verse ergänzt. Einer seiner Verse nimmt Bezug auf die Wundertat der Apostel Petrus und Johannes, die einen Lahmen heilten: *Folg diesem Exempel des dankbaren Lahmen / Verehre im Tempel den göttlichen Namen. Amen!* Auch Verse über den Wein hat er verfasst: *Den guten Wein ich sehr beklag. / Er liegt im Keller Jahr und Tag, / In Banden, Stock und Block gefangen: / Was Böses hat er denn begangen?*

1650 kommt er als Spross einer Ratsherrnfamilie in Lauda auf die Welt. Mit 21 Jahren legt Johannes Knittel in Schöntal die Ordensgelübde ab und nimmt den Namen Benedikt an. In Würzburg studiert er Theologie und wird 1675 zum Priester geweiht. Danach macht er in der Zisterzienserabtei Schöntal rasch Karriere, wird Kantor, Prior und mit 33 Jahren zum Abt gewählt. Bis zu seinem Tode 1732 – mit 49 Jahren – übt er dieses Amt aus. Unter seiner Amtsführung erlebt das Kloster eine Blütezeit. So kämpft er erfolgreich für den Erhalt der Reichsunmittelbarkeit, die besonders durch die Bestrebungen des Erzbistums Mainz gefährdet ist, sich die kleine, aber eigenständige Landesherrschaft einzuverleiben. Außerdem interessiert er sich für Geschichte des Klosters, sammelt Urkunden in einem eigens errichteten Archivturm und verfasst Werke zur Klostergeschichte. Vor allem als Bauherr hat sich Knittel verdient gemacht. Er holt den bekannten Baumeister Johann Leonhard Dientzenhofer nach Schöntal, der die Abteikirche mit der eindrucksvollen, dreigeschossigen und doppeltürmigen Front im Barockstil errichtet. Über das einstige Turmverbot in Zisterzienserklöstern setzen sich Abt und Baumeister hinweg. Knittel lässt außerdem neue Konvents- und Wirtschaftsgebäude in den zum Kloster gehörenden Dörfern bauen. Auf den neuen Kirchenbau bezieht sich der folgende Vers: *Sein ist dies Gotteshaus, das folgt ja klar daraus. / In dulci iubilo, sagt Amen, seiet froh.*

Sprechendes Wappen von Abt Knittel an der Klosterapotheke.

1711

Carl Ludwig und die Zwergengalerie

Sechzehn in Stein gehauene Zwerge zieren die Balustrade am Eingang des Schlossgartens in Weikersheim. Solche Zwerge oder Gnome waren in Barockgärten dieser Zeit sehr beliebt, doch die Weikersheimer Zwergenparade ist einzigartig und beweist den Humor ihres Auftraggebers. Was dieser hier aufstellen ließ, war nichts anderes als eine Karikatur des Hofstaates seiner provinziellen Residenz.

Nach dem Tod seines Vaters übernahm Carl Ludwig von Hohenlohe-Weikersheim 1702 die Regierung, doch seine beiden Brüder hatten ebenfalls Anspruch auf das Erbe. Der ältere, Friedrich Kraft, war krank und nicht regierungsfähig und der jüngere noch nicht volljährig. Die Verwandtschaft bestand deshalb darauf, mit einer endgültigen Lösung und gegebenenfalls einer Erbteilung noch fünf Jahre zu warten. Danach stand fest, dass nur die beiden jüngeren Brüder erben sollten, aber wer was? Das regelten sie durch Losentscheid. Der jüngere, Graf Johann Friedrich II., erhielt Öhringen und Neuenstein, der ältere, Carl Ludwig, Weikersheim, Künzelsau, Hollenbach, Forchtenberg, Ernsbach und die halbe Stadt Niedernhall. Carl Ludwig entschied sich, das Schloss in Weikersheim zu einer barocken Residenz inmitten von Gärten auszubauen.

Die Zwergengalerie gab Carl Ludwig noch vor seinem Einzug in Auftrag, 1711 wurde sie geliefert. Beauftragt war damit eine Bildhauerfamilie aus Künzelsau, Johann Jakob Sommer und seine drei Söhne. Den gelblich grünen Sandstein besorgten sie aus den Steinbrüchen bei Creglingen und Kupferzell. Für jede Skulptur erhielten sie acht Rheinische Taler – im Voraus –, dazu Korn und *mittelmäßigen und angebrochenen Wein.* Vertreten sind: der Hofjägermeister, der Hofnarr, die Hirtin, der Küchen- und Kellermeister, die Hofgärtnerin, die Haushofmeisterin, der Trommler, der Wachtmeister, die Hofdame, der Hofrat und die Kammerzofe, der Kammerkassier, die Hofköchin, ein Hoffaktor, der Braumeister und eine ungedeutete Figur, *Faulpelz* genannt.

Insgesamt beherbergt der Schlossgarten gut hundert vollständig erhaltene Skulpturen, darunter befand sich bis 1860 ein stolzes Reiterstandbild des Grafen Carl Ludwig bei der Orangerie. Es zeigte ihn hoch zu Ross mit Marschallstab. Das war ein bisschen übertrieben, denn seine militärische Karriere beendete er lediglich als Hauptmann. Möglichweise aus diesem Grund beschlossen seine Nachfahren, es verschwinden zu lassen. Heinrich von Treitschke spottete einst über Carl Ludwigs Selbstüberschätzung: *Im Schlossgarten von Weikersheim bewachen die Standbilder der Welteroberer Ninus, Cyrus, Alexander und Caesar den Eingang zu dem Herrschersitze des Hohenlohischen Reiches.*

▼ Der Braumeister. ◀ Die Hofköchin. ▶ Die Hirtin. ▲ Der Trommler.

1719

Johann Friedrich Mayer

Bis heute wird sein Grab auf dem Kupferzeller Friedhof liebevoll gepflegt. Der Grabstein ist als Denkmal gestaltet. Im unteren Feld des Denkmalsteins finden sich die Verse: *Lehrer und Landmann zugleich / bautest Du Herzen und Feld / Darum belohnet Dich nun / die gütige Mutter, die Erde, / da Du sie also geehrt / und ihre Kinder beglückt.*

Er gilt als einer der bedeutendsten Agrarreformer des 18. Jahrhunderts und hat in Hohenlohe Maßstäbe gesetzt, die heute noch gelten. So empfiehlt er den Bauern die verbesserte Dreifelderwirtschaft, nach der auf der bisher brachliegenden Fläche zur Viehfütterung Klee angebaut und die Äcker nicht nur mit Stallmist, sondern mit Gips gedüngt werden sollen, was ihm den durchaus ehrenvoll gemeinten Namen *Gipsapostel* einträgt. In Hohenlohe hat er den Anbau der Kartoffel eingeführt und dafür gesorgt, dass *Boeuf de Hohenlohe* zum Exportschlager und bis nach Paris exportiert wird. In seinem weitverbreiteten Lehrbuch für Land- und Hauswirte hat er unter anderem ein ideales Bauernhaus für den Familienbetrieb beschrieben, das bis heute noch weit anzutreffende *Pfarrer-Mayer-Haus* – zweistöckig mit gemauertem Erdgeschoss und aufgesetztem Fachwerkgeschoss. Erfunden hat er den bereits bestehenden Haustyp nicht, aber seine praktischen Vorzüge beschrieben und für Perfektionierung gesorgt. Die Wärme der Stallungen im Erdgeschoss heizt den Wohnteil mit. Unter dem Satteldach wird Heu oder Getreide gelagert – eine weitere praktische Wärmedämmung. Auch politische Forderungen wie die Aufhebung der Frondienste und der Jagdprivilegien des Adels hat Mayer gestellt.

Geboren wird Johann Friedrich Mayer 1719 in Herbsthausen als Sohn des dortigen Schultheißen. Mit 26 Jahren übernimmt er die Pfarrstelle in Kupferzell, die er bis zu seinem Tode 1798 versieht. Mit seiner Frau Anna Charlotte hat er 15 Kinder und 64 Enkelkinder. Sie überlebt ihn um vier Jahre und stirbt 76-jährig in Künzelsau.

Unter seinen zahlreichen Schriften findet sich auch ein Buch über den Maikäfer als Schädling und Nützling. Über Jahre hält er selbst Engerlinge in seinem Garten, um die Entwicklung der Maikäferlarven zu studieren. Er schreibt: *Wie weise hat doch der Höchste alles geordnet, wie gütig und vortrefflich für jedes, sogar eines Wurmes Glückseligkeit gesorgt.* Der Engerling habe auch nützliche Eigenschaften, indem er für aufgelockerte Böden sorge und Nahrung für Nutzvögel sei. Mayer schließt mit der Feststellung: *Mit den Verbesserungen des Menschen ist es jederzeit so beschaffen, dass das Ende denselben immer erst belehren musste, es sei gefährlich, Eingriffe in die weise Einrichtung der Natur zu beginnen.*

Stich nach einem Gemälde von CH. F. Deffner.

IOH: FRIEDRICH MAYER
evangel: Pfarrer in Kupferzell, mehrerer
Academien, und Societäten Mitglied, 74 Jahr alt.
gemahlt von Ch: F: Deffner.
gestochen von Halle Berl: 1793.

Goethes Ahnen

Johann Wolfgang von Goethe (1749–1832) stammt aus einer großbürgerlichen Frankfurter Familie. Sein Vater Johann Caspar Goethe, promovierter Jurist, war Kaiserlicher Rat, sein Großvater mütterlicherseits, Johann Wolfgang Textor, Stadtschultheiß von Frankfurt. Aber die Spuren der Familien Goethe und Textor führen auch ins Hohenlohische.

Jacob Walther, Orgeltreter und Hausknecht in Weikersheim, ist der Ur-Urgroßvater des Dichters – väterlicherseits. Spannend liest sich die Geschichte von Goethes mütterlichen Ahnen. In Weikersheim heiratet 1561 ein Jörg Weber aus Hessenthal. Der Name seiner Frau ist nicht bekannt. Ihr Sohn mit demselben Namen wird Hofdiener und Schneider bei Graf Wolfgang II. von Hohenlohe-Weikersheim. In der Genealogie der Goethe-Gesellschaft werden irrtümlich beide Jörg Weber, Vater und Sohn, gleichgesetzt. Der Ahnenforscher Wolfgang Trogus, der Goethes Vorfahren bis ins 8. Jahrhundert zurückverfolgte, belegt allerdings, dass es sich um zwei Personen handelt. Hohenloher Geschichtsforscher haben überraschende Details zutage gebracht.

Carlheinz Gräter schreibt, dass Graf Wolfgang II. bei seinem Umzug von Langenburg nach Weikersheim seinen Leibschneider Jörg Weber mitgebracht habe, die Gräfin ihre Kammerzofe Anna. Anfang 1588 ehelichte Jörg Weber die Kammerzofe, doch schon nach knapp fünf Monaten kam ein Bub auf die Welt und wurde auf den Namen Wolfgang getauft. Pate war niemand anderer als Graf Wolfgang selbst – recht ungewöhnlich für den offensichtlichen Skandal im Weikersheimer Schloss. Der Pfarrer traute die beiden erst nach einer gewaltigen Strafpredigt. Geldstrafen von zehn Gulden für den Vater und fünf Gulden für die Mutter kamen dazu. Üblich in solchen Fällen waren jedoch zwei Wochen Haft und eine öffentliche Bekanntmachung in der Kirche. Das blieb den Eltern des kleinen Wolfgang auf Geheiß des Grafen erspart. Und fortan kümmerte sich dieser in auffälliger Weise um sein Patenkind. Er ließ es die Lateinschule besuchen, finanzierte das anschließende Jurastudium und machte den Sprössling schließlich zum gräflich hohenlohischen Rat.

Wolfgang Weber latinisierte seinen Namen und nannte sich fortan Textor. Seinem Sohn gab er den Namen Johann Wolfgang. Dieser wurde ebenfalls Jurist, Professor in Heidelberg und schließlich Syndikus in Frankfurt. Dessen Sohn hieß ebenfalls Johann Wolfgang Textor und begleitete als Stadtschultheiß das zweithöchste Amt der Reichsstadt Frankfurt. Er war der Großvater des Dichters. Seit 1588 ist also der Vorname Wolfgang in der Familie, als lebendiges Andenken an die Weikersheimer Ahnen, zu denen vielleicht auch Graf Wolfgang zählt.

Goethe im Alter von ca. 26 Jahren. Gemälde von Georg Melchior Kraus, um 1775.

1752

Das Fürstenfass von Pfedelbach

Knapp 60 000 Liter fasst das Riesenfass von Pfedelbach. Einst sammelte es den Zehntwein der Herrschaft. Jetzt ziert es das Weinbaumuseum im gewaltigen Gewölbekeller des *Langen Baus*. Sein Fassboden ist kunstvoll geschnitzt, farbig bemalt und zeigt das Wappen des Auftraggebers sowie als Fassriegel eine sitzende Bacchus-Figur.

Joseph Fürst zu Hohenlohe und Waldenburg-Pfedelbach steht unter dem prächtigen Wappen, darunter die Jahreszahl 1752. Der damalige Hofküfer Michael Mayer hat das Fass geschaffen. Weinbau ist in Pfedelbach seit dem Mittelalter nachgewiesen. Nicht weniger als acht Keltern gab es in der Umgebung. Eine der ältesten Herrenkeltern Württembergs steht im Ortsteil Heuberg. Heute produzieren auf einer Fläche von 460 Hektar über 400 Weingärtner rund fünf Millionen Liter Wein im Jahr. Viele von ihnen sind in der Genossenschaft *Weinkellerei Hohenlohe* zusammengeschlossen, die im Jahr 1950 im historischen Fürstenfasskeller gegründet wurde – damals von 14 Weingärtnern, dort, wo sich heute das Weinbaumuseum befindet. 70 Meter ist der Keller lang und zeigt mit historischen Geräten die Entwicklung des Weinbaus in der Region. An seiner Stirnseite prangt – ins rechte Licht gesetzt – das Fürstenfass als Prunkstück. Es gehört mit einer Höhe von vier Metern und einer Länge von über fünf Metern zu den größten Fässern Süddeutschlands. Eine historische Tafel von 1822 macht den Besucher mit dem herrschaftlichen Kellerrecht bekannt: *Das Zanken, Fluchen, Zotenreißen, / Mit groben Worten um sich schmeißen, / Das Kratzen, Schreiben an den Wänden, / Das Klopfen an die Fass mit Händen, / Fürwitz und andre Anbegier, / Geziemet sich durchaus nicht hier! / Wer dieses aus der Acht will lassen, / Den wird das Kellerrecht bald fassen. / Man schlägt mit dem Bandmesser zu, / Ob es hoch oder niedrig thu.*

Der Bau des Fürstenfasses fällt in eine für Pfedelbach unruhige Zeit. 1728 stirbt der letzte Graf Ludwig Gottfried aus der evangelischen Linie Hohenlohe-Waldenburg-Pfedelbach kinderlos, und so fällt Pfedelbach an die katholische Linie Hohenlohe-Bartenstein. Zwar erlaubt der neue Herr den Pfedelbachern, evangelisch zu bleiben, doch fördert er die Zuwanderung katholischer Untertanen, siedelt vorher nicht sesshafte *Jenische* katholischen Glaubens auf dem Heuberg an und überlässt ihnen die 1730 neu erbaute Schlosskapelle für die Heilige Messe. Die *Jenischen* bringen ihre eigene Sprache mit, die sich bis in die Mitte des 20. Jahrhunderts erhalten hat. Heute pflegt man die Erinnerung an das *Jenische* wieder in Pfedelbach. So trägt die 2017 eingeweihte Festhalle der Gemeinde den *jenischen* Namen *Nobelgusch* (edles Haus).

Pfedelbacher Fürstenfass.

Joseph Fürst zu Hohenloe
und Waldenburg Pfedelbach.
1752

CARL JULIUS
WEBER
GEBOREN IN
DIESEM HAUS
AM 21 4 1767
AM 19 7 1832
GESTORBEN IN
KUPFERZELL
SO VERZEIHT MEIN
SPÖTTISCH MAUL
DEMOKRIT

1767

Carl Julius Weber

Er gilt als der bedeutendste Schriftsteller Hohenlohes – von vielen als scharfer Satiriker gefürchtet, vom damaligen liberalen Bürgertum gerade deshalb so geliebt. Sein zwölf Bände fassendes Werk *Demokritos oder hinterlassene Papiere eines lachenden Philosophen* wurde zu einem Kultbuch und hat viele Auflagen erlebt. Ein Bestseller wurde auch seine Reisebeschreibung Deutschlands.

Am Langenburger Rathaus ist eine Bronzetafel zu sehen mit einem Zitat aus seinem Demokrit: *So verzeiht mein spöttisch Maul.* Das respektable Fachwerkhaus gehörte einst dem fürstlichen Rentmeister Elias Christoph Friedrich Weber. Der Sohn Carl Julius Weber kommt 1767 dort auf die Welt, wächst in Langenburg auf und besucht die Lateinschule mit bestem Erfolg, weshalb ihn sein Vater nach Öhringen aufs Gymnasium schickt. Da ist er 15 Jahre alt. Der Rektor nimmt den Knaben unter die Lupe und gleich in die höchste Klasse auf. Weber meint selbstbewusst: *Vom Rector lasse ich mir mein Latein und Griechisch gerne corrigieren, aber nicht mein Deutsch, das verstehe ich besser.* Als Jahrgangsbester hält er vor Fürst Karl von Hohenlohe-Öhringen, den Lehrern, der Elternschaft und seinen Mitschülern die Abschiedsrede – auf Französisch – über das Verhältnis von Philosophie und Literatur. Dann studiert er Jura in Erlangen und tritt in die fürstliche Kanzlei in Langenburg ein, wo er es allerdings nicht lange aushält. So nimmt er ein Angebot Graf Christians von Erbach-Schönenberg an, Deutschordensritter und Statthalter des Hoch- und Deutschmeisters in Mergentheim, dessen Privatsekretär zu werden.

Nach dem Tod der Mutter, die ihm ein beträchtliches Erbe hinterlässt, lebt er als Privatgelehrter und Schriftsteller, unternimmt Reisen nach Paris, London und Wien – meist zu Fuß – und besucht Ungarn, Italien, Böhmen sowie Schlesien. Das freie umherschweifende Leben unterbricht er nur durch eine vierjährige Zeit als Abgeordneter im württembergischen Landtag von 1820 bis 1824. Das Oberamt Künzelsau hat ihn dazu überredet, sich zur Verfügung zu stellen.

Am 19. Juli 1832 stirbt er in Kupferzell. Als Grabspruch hat er ausgewählt: *Hier liegen meine Gebeine, ich wollt' es wären deine.* Doch seine Schwester Henriette hält sich nicht daran und lässt einen lateinischen Vierzeiler in den Grabstein meißeln. Der erste Vers lautet in deutscher Übersetzung: *Ich scherzte gern. Doch gottlos lebt' ich nicht.* Was Weber dazu gesagt hätte? Vielleicht hätte er aus seinem Demokrit zitiert: *Petrus soll sogar Franklin, der ihm offen beichtete, dass er keine andre Religion habe als das Naturgesetz und die Menschlichkeit, zugeflüstert haben: »Komm herein und nimm Platz, wo du willst!«*

Denkmal Webers an seinem Geburtshaus in Langenburg.

1772

Die Räuber vom Mainhardter Wald

Eine Laienbühne mit annähernd hundert Darstellern spielt jährlich auf Naturbühnen, wie der *Theaterwiese* beim Gögelhof, vor begeistertem Publikum die Geschichte der Räuber vom Mainhardter Wald, die sich vor 250 Jahren hier tatsächlich zugetragen hat. Über zehn Jahre hatte die Räuberbande die Gegend unsicher gemacht.

Um die Mitte des 18. Jahrhunderts litten die Bauern auf dem Mainhardter Wald bittere Not. Der karge Boden reichte nicht aus, um die Familien zu ernähren. Die Steuern drückten heftig, und Fürst Karl Philipp Franz von Hohenlohe-Bartenstein hatte kein Einsehen. Schließlich verweigerten die Mainhardter jegliche Abgaben in Geld oder Naturalien und verklagten in ihrer Verzweiflung den Landesherrn vor dem Reichshofrat in Wien. Der Kaiser entschied zugunsten des Fürsten, Militär rückte an, um dem Aufstand ein Ende zu machen. Die Not aber blieb. So schlossen sich um das Jahr 1760 an die sechzig Bauern aus dem Mainhardter Wald unter ihrem Hauptmann Heinrich Weiß zu einer Räuberbande zusammen. Weiß bewirtschaftete das *Neuwirtshaus* an der heutigen Bundesstraße 14 und war gewählter Richter in Böhringsweiler. Er selbst nahm an den Raubzügen nicht teil, plante und organisierte sie aber.

Neben Diebstählen und Erpressung überfielen die Räuber Land- sowie Postkutschen und raubten sie aus. Auch mehrere Raubmorde sind nachgewiesen. Da der Mainhardter Wald Grenzgebiet von einigen Herrschaften wie Hohenlohe-Bartenstein, Löwenstein, der Prälatur Murrhardt, dem Herzogtum Württemberg oder der Reichsstadt Hall war, verübten die Räuber ihre Überfälle meist in einem der anderen Herrschaftsgebiete – weg von ihrem eigenen Wohnort.

Durch Zufall flog die Bande auf, als der geschnappte Räuber Martin Haas vom Gögelhof unter der Folter die Namen seiner Komplizen preisgab. Über zwanzig von ihnen wurden 1773 in Pfedelbach und Maienfels enthauptet, ihre Leiber aufs Rad geflochten und ihre Köpfe auf Pfähle gesteckt. Sieben überlebten die Folter bei der Vernehmung nicht. Auch der Bandenchef Weiß wurde 1772 in Möckmühl verhaftet, in Böhringsweiler vor Gericht gestellt – aber freigesprochen. Sogar sein Richteramt durfte er wieder ausüben. Vielleicht wollte die Obrigkeit zwar ein Exempel an den Räubern statuieren, war aber nicht an der Aufdeckung der Hintergründe der Rebellion interessiert, die zur Gründung der Räuberbande geführt hatten.

Keine zehn Jahre später schrieb Schiller in Stuttgart sein erstes Drama *Die Räuber*, das er 1781 auf eigene Kosten anonym veröffentlichte. 1782 wurde es in Mannheim uraufgeführt und ein Riesenerfolg. Einer seiner Räuber trägt den Namen einer Ortschaft, ganz in der Nähe von Mainhardt – Spiegelberg.

Räuber vom Mainhardter Wald. Installation am Ortseingang von Mainhardt.

Cafe Bauer
ECHTE
LANGENBURGER
WIBELE

1790

Hofkonditor Wibel

Zweiundzwanzig Millimeter ist das legendäre Feingebäck lang, zwölf Millimeter breit und ebenso hoch, In Hohenlohe und vielen Höfen Europas hat es Furore gemacht. Zwei Tüpfelchen in Erbsengröße einer speziellen mürben Vanille-Eiweiß-Biskuit-Mischung, seit 1911 durch kaiserliches Patent gesetzlich geschützt, machen den Wunderkeks aus, dessen Rezept von Wibels Nachfahren gehütet wird.

Johann Christian Karl Wibel, Sohn des Langenburger Hofpredigers und Kirchenhistorikers Johann Christian Wibel, trat 1763 in die Konditorei Engelhard in Langenburg ein. Da war er 13 Jahre alt. Bereits im ersten Lehrjahr soll er auf eigene Faust die *Zeltlich* hergestellt haben. *Zelt* bedeutet *kleiner Kuchen*. Das *-lich* ist eine speziell hohenlohische Pluralform. Wibel überliefert das Rezept 1790 in seinem Rezeptbuch mit dem Hinweis: *Zur Herstellung dieses Gebäcks ist nur ein solcher Mensch brauchbar, der ganz aus Geduld zusammengesetzt ist.* Da ist Wibel bereits hohenlohe-langenburgischer Hofkonditor. Der Fürst wünscht in dieser Zeit von keinem anderen Konditor als dem *Wibeles-Bäck* beliefert zu werden und verleiht ihm den Titel eines hohenlohe-langenburgischen Senators. Von Langeburg aus treten die Wibele ihren Siegeszug an. Bei ihren Besuchen auf dem Langenburger Schloss sind befreundete und verwandtschaftlich verbundene adelige Häuser von dem *Patience-Gebäck*, wie es offiziell heißt, hellauf begeistert.

Rudolf Schlauch, Pfarrer im nahen Bächlingen und Hohenloher Landeskundler, beschrieb die Wibele so: *Sie könnten in Wien erfunden und in Paris hergestellt sein, soviel Charme und Esprit haben sie als Backwerk.* Heute werden Wibele nicht nur in Langenburg produziert, aber allein das Café Bauer in Langenburg, das aus der Hofkonditorei Wibel hervorgegangen ist, darf sie mit dem Zusatz *Echte Wibele* nennen. Es liegt in der Langeburger Hauptstraße gleich gegenüber der Stadtkirche. Der Blick von der Terrasse hinunter ins Hohenloher Land ist atemberaubend. Stolz pflegt das Café die 250-jährige Wibele-Tradition, verweist auf die von vielen Adelshäusern verliehenen Titel: Hof-Conditor seiner Durchlaucht, des Fürsten von Hohenlohe-Langenburg, Hoflieferant Seiner Majestät, des Königs von Württemberg, Hoflieferant seiner Hoheit, des Herzogs von Sachsen-Coburg-Gotha, Hof-Conditor Seiner Königlichen Hoheit, des Großherzogs zu Hessen bei Rhein. Im Eingangsbereich des Cafés finden sich Diplome und Preismedaillen mit weiteren Auszeichnungen, beispielsweise von Kaiserin Auguste Viktoria von Preußen, dem König von Großbritannien und Irland sowie seiner Majestät, dem Kaiser von Russland.

Hauptstraße Langenburg mit Wibele-Schild des Cafés Bauer.

1791

Beethoven in Mergentheim

Der einundzwanzigjährige Beethoven ist Organist und Bratschist in der Bonner Hofkapelle, als Erzherzog Maximilian Franz von Habsburg, Erzbischof und Kurfürst von Köln und Hochmeister des Deutschen Ordens, ein Generalkapitel des Ordens nach Mergentheim einberuft. Er selbst residiert in Bonn, denn Köln ist Reichsstadt und in diesen Zeiten ein unsicheres Pflaster. Die Hofkapelle samt Beethoven nimmt er mit nach Mergentheim.

Erzherzog Maximilian Franz ist der jüngste Sohn von Kaiserin Maria Theresia. Er hat als Kind mit dem Wunderknaben Wolfgang Amadeus Mozart zusammen bei Hofe vierhändig am Klavier gespielt und ist ein musenfreudiger Mann. Der junge Beethoven wird von ihm schon in Bonn gefördert und der siebzehnjährige Musiker und Komponist 1787 nach Wien geschickt, wo er Mozart kennenlernt und Jahre später auf Wunsch des Erzherzogs bei Joseph Haydn Unterricht nimmt.

Im Herbst 1791 zieht Beethoven mit der Bonner Hofkapelle also nach Mergentheim. Die Reise der Musikanten geht über mehrere Tage auf zwei Schiffen den Rhein flussaufwärts und den Main hinauf bis Miltenberg, dann weiter mit der Kutsche nach Mergentheim. Dort wird der junge Komponist in die Salons eingeladen und fasziniert vor allem mit seinen freien Klaviervariationen. Einer seiner Zuhörer schreibt darüber: *Man kann die Virtuosengröße dieses lieben, leisegestimmten Mannes, wie ich glaube, berechnen, nach dem beinahe unerschöpflichen Reichtum seiner Ideen und nach der Fertigkeit, mit welcher er spielt.* Beethoven tritt in Mergentheim noch nicht mit wilder Frisur und offenem Kragen auf, wie er in späteren Bildern gerne dargestellt wird, sondern mit dem damals noch obligatorischen Haarzopf und roter Gala-Uniform mit goldenen Besätzen – wie es einem Mitglied der Bonner Hofkapelle gebührt. In der Deutschordensstadt trifft er mit dem Ordensritter Ferdinand Ernst Graf von Waldstein zusammen. Waldstein lässt ihn Klaviervariationen zu vier Händen nach einem Thema von *Monsieur le Comte de Waldstein* ausarbeiten. Jahre später widmet ihm Beethoven seine *Waldsteinsonate*, denn Waldstein gehört inzwischen zu seinen wichtigsten Mäzenen.

Wenige Wochen nach Beethovens Aufenthalt in Mergentheim stirbt Mozart in Wien. Beethoven macht sich im Jahr darauf in die Kaiserstadt an der Donau auf. Die Trauer über Mozarts Tod klingt in Waldsteins Eintrag in Beethovens Stammbuch nach, aber auch die Hoffnung wird spürbar, die er auf seinen Schützling setzt: *Sie reisen jetzt nach Wien zur Erfüllung Ihrer so lange bestrittenen Wünsche … Durch ununterbrochenen Fleiß erhalten Sie Mozarts Geist aus Haydns Händen. Ihr wahrer Freund Waldstein*

Ölbild von Karl Joseph Stieler um 1820.

peint par Rouget

1792

Bartenstein und die Fremdenlegion

Ludwig Aloysius von Hohenlohe-Waldenburg-Bartenstein kommt als Heerführer verschiedener Länder zu hohen Ehren. Er kämpft für Frankreich, Holland und den Kaiser. Napoleon bietet ihm bei der Neuordnung Deutschlands an, sein Fürstentum Bartenstein bestehen zu lassen, wenn er zu ihm überträte. Er lehnt ab. Das Regiment Hohenlohe, das er für die französische Emigrantenarmee anwarb, gilt als Vorläufer der Fremdenlegion.

Aus einer Erbteilung des Hauses Hohenlohe-Waldenburg ist die eigenständige Herrschaft Hohenlohe-Bartenstein erst 1688 entstanden. Neben Bartenstein zählen dazu die Ämter Mainhardt, Pfedelbach, Sindringen, Schnelldorf, Herrenzimmern und Besitzrechte im elsässischen Oberbronn. Die Stadt Bartenstein entsteht erst um die Mitte des 18. Jahrhunderts, als Schloss und Stadt nach Plan zur Residenz hergerichtet werden. Katholische Handwerker und Beamte werden nun angeworben, denn die Bartensteiner sind katholisch und an katholischen Zuwanderern interessiert.

Ludwig Aloysius von Bartenstein erblickt 1765 das Licht der Welt. Der Erbprinz des Zwergstaates strebt eine militärische Karriere an. Als nach Ausbruch der Französischen Revolution Emigranten auch in seinem Fürstentum Zuflucht suchen, fasst er 1792 den Entschluss, als Oberst in die Emigrantenarmee einzutreten. Aber nicht allein – er bringt gleich ein *Regiment Hohenlohe* mit. Mit diesem erringt er zwar spektakuläre Siege gegen die französischen Revolutionstruppen, kann aber deren stetiges Vordringen nicht verhindern, auch nicht, als er in holländischen, dann in kaiserlichen Diensten gegen die Revolution kämpft. Als kaiserlicher Feldmarschallleutnant – d. h. Vertreter des Feldmarschalls – scheidet er 1806 aus dem Dienst aus.

Napoleon ist schon länger auf ihn aufmerksam geworden und versucht, ihn für sich zu gewinnen. Er soll dem neu geschaffenen Rheinbund beitreten, dann würde die Souveränität Bartensteins erhalten bleiben, verspricht er. Weil Bartenstein ablehnt, wird sein Ländchen dem württembergischen Königreich angegliedert. Er selbst nimmt wieder kaiserliche Dienste an, wird Statthalter von Galizien und kämpft als Divisionsgeneral weiter gegen Napoleon. Nach dessen Niederlage tritt er 1816 in die Dienste des wiedereingesetzten Bourbonenkönigs Ludwigs XVIII. und macht jetzt richtig Karriere. Er wird Kommandant der deutschen Legion und erhält das Schloss Lünstadt (Luneville) als Geschenk. König Karl X. macht ihn 1827 zum Marschall und zugleich Pair von Frankreich, sodass er in den französischen Hochadel aufsteigt.

1831 – zwei Jahre nach seinem Tod – wird die Fremdenlegion gegründet, mit Angehörigen des alten Regiments Hohenlohe.

Ludwig Aloysius von Hohenlohe-Bartenstein, Rouget.

1816

Justinus Kerner in Gaildorf

Nach Anstellungen als Badearzt in Wildbad und praktischem Arzt in Welzheim ist es Kerner 1815 endlich gelungen, eine Stelle als Oberamtsarzt zu bekommen – in Gaildorf. Auf seinen Ritten zu den Patienten in den Dörfern erkundet er nebenbei auch die Landschaft am Oberlauf des Kochers. Die einstige Wallfahrtskirche auf dem Heerberg zieht ihn besonders an.

Mit Frau und dreijährigem Töchterchen Marie kommt der dreißigjährige Arzt und Dichter 1816 nach Gaildorf. Nach kalten Winterwochen zur Untermiete in einem Haus hinter der Kirche können sie im Frühjahr in ein Häuschen mit idyllischem Garten umziehen. Justinus Kerner ist Tag für Tag zu Pferd in die Dörfer des Oberamts zu Krankenbesuchen unterwegs. Marie Kerner erzählt in ihren Erinnerungen, wie eng Pferd und Familie da zusammenlebten. Eines Tages ist die Stalltür offen geblieben, und das Fohlen ihres Rappen begann neugierig die Umgebung zu erkunden. Dabei kam es bis ins Schlafzimmer. Mit vereinten Kräften brachte man es wieder zu seiner Mutter zurück.

In *Cottas Morgenblatt für gebildete Stände* Nummer 3, 1816, beschreibt Kerner ein Erlebnis, das ihn berührt hat. Hoch auf einem Bergkamm über Sulzbach-Laufen steht die Heerbergskirche. Schenk Albrecht von Gaildorf hat sie im 15. Jahrhundert erbaut. Kerner findet das ehemalige Wallfahrtskirchlein *zerrüttet in seinem Innern* vor, die Altäre abgebrochen und das einst wundertätige Muttergottesbild weggebracht. In einem Brief an Emma Niendorf vom 26. Januar 1846 schildert Kerner, was dann geschah: *Als die Kapelle lutherisch wurde, nahm man das Marienbild vom Altare und schloss es zu Obersontheim in das Archiv des Schlosses ein. Dort sah ich es vor dreißig Jahren, und das Bild flößte mir Mitleiden ein, es stund so verlassen und gefangen da. Es war schneeweiß, von Alabaster. – Kürzlich sagte mir ein Schultheiß von dort, die Gemeinde wolle das Bild verkaufen, die Gräfin Waldeck wolle elf Gulden darum geben. Nun ließ ich 12 Gulden bieten, und der Schultheiß schreibt nun, es sei mir zugefallen. – Also diese Maria wird erlöst und kommt in meine Herberge.* Kerner wohnt damals längst als Oberamtsarzt in Weinsberg. Die Alabasterfigur vom Heerberg im einstigen Oberamt Gaildorf ist heute noch im Weinsberger Kernerhaus zu sehen. Sie wieder zurück an ihren alten angestammten Platz zu bringen, ist im pietistischen Württemberg undenkbar. Kerner hätte es wohl bevorzugt. In einem Gedicht *Auf die aus den Kirchen weggebrachten altdeutschen Gemälde* schreibt er: *Füllt die Nischen, die Altäre, / Deckt die weiß getünchte Wand! / Und der Künstler find' und ehre / Euch allwärts im deutschen Land.*

Justinus Kerner mit der Maultrommel. Gemälde von Ottavio d'Albuzzi, 1852.

1845

Eduard Mörike in Mergentheim

Sechs Jahre lebt Mörike in Mergentheim. Sein Pfarramt in Cleversulzbach hat der 39-Jährige aufgegeben und um Versetzung in den Ruhestand gebeten, der ihm mit einer bescheidenen Pension gewährt wird. Aus Cleversulzbach zieht er weg, zunächst nach Schwäbisch Hall, dann ins mildere Mergentheim im lieblichen Taubertal, wo er seine Braut kennenlernt.

In Mergentheim hielt er sich bereits 1837 zu einer Kur auf. *Die Gegend ist reizend und fröhliche Leute umher,* schreibt er Hermann Kurz. *Die Badegebäude, frei vor der Stadt mit Aussicht auf die Tauber und auf die hohen Bäume des Schlossgartens, welcher dem Publikum geöffnet ist; weiter zurück und so nach allen Seiten lustige Weinberge und sanfte Hügel.*

Anfangs kommt Mörike mit seiner Schwester Klara, die ihm den Haushalt führt, in der Mauergasse unter. Im Frühjahr 1845 ziehen sie in ein schönes Eckhaus am Marktplatz in die Beletage im ersten Stock. Ihr Vermieter, Oberstleutnant von Speeth, konservativ und katholisch, lebt mit seiner Tochter Margarethe im selben Haus, stirbt aber bald. Mörike: *Bei meinem mehrjährigen Aufenthalte zu M., den eine jüngere Schwester mit mir teilte, lebten wir mit der Familie S. als zufällige Hausgenossen auf freundschaftlichem Fuße; besonders aber hatte meine Schwester das innigste Verhältnis zu der Tochter. Mir war an dem täglichen Umgang der beiden vorerst nur ein sehr bescheidener Anteil vergönnt, und keines von uns Dreien konnte ahnen, dass mir sechs Jahre später in dieser neuen Freundin eine Frau geschenkt sein sollte.* Doch seine spätere Frau versichert, dass sich die beiden schon im Frühjahr 1846 heimlich verlobt hätten. Margarete, von Eduard Mörike Gretchen genannt, ist da 28 Jahre alt, Mörike 42. Dennoch sollte es noch Jahre dauern, bis sie sich zu ihrer Liebe öffentlich bekennen. Die Trauung findet 1851 in der Mergentheimer Schlosskirche statt.

Ein evangelischer Pfarrer und eine katholische Braut? Freund Hartlaub, Pfarrer im nahen Wermutshausen, ist skeptisch und zieht sich zeitweilig zurück. Schwester Klara wohnt weiterhin mit ihrem Bruder und Gretchen in einem Haushalt zusammen, und das freundschaftliche Verhältnis zwischen den beiden Frauen beginnt sich etwas einzutrüben.

Mörike schreibt in Mergentheim *Die Idylle vom Bodensee*, ein gereimtes Epos in Hexametern, das ihn über Württemberg hinaus bekannt macht. 1848 erfolgt eine erweiterte Ausgabe seiner Gedichte. Schon zu Lebzeiten gilt Mörike als bedeutender Lyriker. Auf seine bescheidenen finanziellen Verhältnisse hat das keinen Einfluss. 1851 zieht das Ehepaar Mörike – mit Schwester Klara – von Mergentheim nach Stuttgart.

Eduard Mörike. Grafik von Bonaventura Weiss, 1851.

1848

Wer soll deutscher Kaiser sein?

Die deutsche Revolution von 1848/49 geht auch an Künzelsau nicht vorbei. Bereits vor ihrem eigentlichen Beginn wendet sich die Künzelsauer Bürgerschaft an den württembergischen König und fordert das Ende der Feudallasten sowie die Verbesserung der Straßenverhältnisse. Und mit dem Verlauf der Beratungen in der Frankfurter Nationalversammlung einige Wochen später ist man in Künzelsau höchst unzufrieden.

Am 13. April 1848 tritt in Künzelsau die erste große Volksversammlung zusammen. Man trifft sich in der Stadtkirche – obwohl der Pfarrer eine Benutzung der Kanzel als Rednerbühne ausdrücklich verboten hat – und diskutiert über die Wahlen zum württembergischen Landtag und zur Nationalversammlung, aber auch über die deutsche Einheit und die Probleme von Landwirtschaft und Handwerk. Petitionen werden zur Abstimmung gebracht, und während des Jahres wählen die Künzelsauer *volksfreundliche Männer* in Stadtrat und Bürgerausschuss. Eine Bürgerwehr wird gegründet und dafür auf Kosten der Stadt hundert Gewehre angeschafft. Aufmerksam verfolgen die Bürger die Verhandlungen der Nationalversammlung in Frankfurt. In einer Eingabe des Künzelsauer Bürgervereins vom 6. Dezember 1848 ist zu lesen: *Gemäßigte, entschiedene Linke wanke nicht, äußerste Linke mäßige Dich, äußerste Rechte bessere Dich!*

Die Nationalversammlung debattiert gerade die Reichsverfassung und die Frage, wer deutscher Kaiser werden sollte. Der König von Preußen? Der österreichische Kaiser in Wien? Oder ein ganz anderer? Auch hier hat der Künzelsauer Bürgerverein einen Vorschlag parat, der in Band 8 der Stenographischen Berichte der Nationalversammlung enthalten ist. Die Künzelsauer schlagen vor, *alle deutschen Souveräne im Römersaale zusammenkommen und dann würfeln zu lassen. Wem dann Gott in seiner Allweisheit den höchsten Wurf verleihe, den werde er auch für den Besten halten, dass er Deutschland regiere.*

Als die Revolution im Frühjahr 1849 zu scheitern droht, beschließt der Gemeinderat, einen Munitionsvorrat für die Bürgerwehr anzulegen und *für Rechnung der Stadtpflege einen Zentner Pulver und fünf Zentner Blei anzuschaffen.* Gemeinderat und Bürgerausschuss erlassen folgenden Aufruf: *Das Vaterland ist in Gefahr! Der Augenblick ist gekommen, wo es gilt, für die Freiheit, für die Einheit des deutschen Vaterlands Gut und Leben einzusetzen.* Die Niederwerfung der Revolution durch die Fürsten können die Künzelsauer allerdings nicht verhindern. Ende des Jahres 1849 ruft man in Künzelsau *Menschenfreunde* dazu auf, für die Unterstützung politischer Flüchtlinge in der Schweiz zu spenden.

Altes Rathaus in Künzelsau.

Ottmar Mergenthaler

In Hachtel, einem Ortsteil von Bad Mergentheim, wird Ottmar Mergenthaler geboren. Sein Vater ist dort Lehrer. Im alten Rathaus von Hachtel erinnert ein Museum an ihn. In den USA gilt er bis heute als bedeutender Erfinder, und er wurde in die *National Inventors Hall of Fame* aufgenommen. Seine Linotype-Druckmaschine hat das Buch- und Zeitungswesen überall auf der Welt revolutioniert und für gut hundert Jahre geprägt.

Mergentheimer nennen ihre Stadt mundartlich *Märchedol*, das heißt *Mergental.* Davon ist der Familienname abgeleitet. Gleichwohl stammt sein Vater aus dem Schwäbischen, wohin er auch bald mit seiner Familie samt dem kleinen Ottmar wieder zieht. In Bietigheim macht Ottmar bei seinem Onkel eine Uhrmacherlehre und besucht die Abend- und Sonntagsschule. Nach der Lehre wandert er mit 18 Jahren in die USA aus. Sein Vetter führt in Washington eine Werkstatt für Messwerkzeuge und elektrische Geräte. Er bezahlt ihm die Überfahrt. Dafür soll der junge Uhrmacher bei ihm arbeiten. Besonders von den Modellen, die im Betrieb seines Vetters für Erfinder gebaut werden, ist Mergenthaler begeistert. Das weckt seine Fantasie und Kreativität. Die Firma wächst, zieht nach Baltimore. Bereits mit 24 Jahren ist Mergenthaler Teilhaber und nimmt die amerikanische Staatsbürgerschaft an. Mit 29 Jahren macht er sich selbstständig und arbeitet in den folgenden Jahren daran, eine Druckmaschine zu entwickeln, die den Handsetzkasten ablösen soll. 1884 ist es so weit, und Mergenthaler erhält ein Patent für seine Zeilensetzmaschine. Er gewinnt finanzkräftige Geldgeber, die auf ihn bauen und eine Firma gründen. Mergenthaler ist dort Werksleiter und mit zehn Prozent an den Einnahmen für jede verkaufte Maschine beteiligt. Bald zeigt sich die *Washington Post* interessiert, und weitere Zeitungsverleger aus aller Welt wollen Maschinen der *Mergenthaler Printing Company* haben. Mergenthaler verbessert die Druckmaschine mit neuen Erfindungen, und die Nachfrage wächst und wächst. Schließlich fusioniert er mit anderen Druckmaschinenherstellern zur *Mergenthaler Linotype Company.* In den USA wird Mergenthaler vielfach ausgezeichnet, und auf der Pariser Weltausstellung 1889 ist seine Zeilensetzmaschine die Sensation.

Nach einem letzten Deutschlandbesuch erkrankt Mergenthaler schwer an Tuberkulose, die 1899 zu seinem Tod führt. Er wird 45 Jahre alt und hinterlässt eine Frau und fünf Kinder im Alter von fünf bis sechzehn Jahren. Seine Erfindung wird als *die bedeutendste satztechnische Innovation seit Gutenberg* bezeichnet. Heute wird sie nur noch in wenigen Druckereien verwendet. Doch viele seiner Maschinen können in technischen Museen bestaunt werden.

Ottmar Mergenthaler.

1882

Max Kade aus Steinbach

Max Kade ist Ehrenbürger von Steinbach und Schwäbisch Hall. 1944 gründen er und seine Ehefrau Annette mit ihrem Vermögen die Max-Kade-Stiftung – zunächst als Nothilfe für die Kriegsfolgen des Zweiten Weltkriegs. Bis heute fördert die Stiftung wissenschaftliche und kulturelle Begegnungen zwischen amerikanischen und deutschen Studenten mit dem Ziel: *Freundschaft säen, wo Feindschaft entstanden war.*

Am 13. Oktober 1882 kommt Max Kade als elftes von insgesamt zwölf Kindern des Ehepaars Rosina und Jakob Friedrich Kade in Steinbach auf die Welt, das damals noch ein eigenständiges Dorf ist und seit 1930 ein Stadtteil von Schwäbisch Hall. Sein Vater ist Mitinhaber der Steinbacher Maschinenfabrik und Eisengießerei. Das Gymnasium in Schwäbisch Hall besucht er bis zur zehnten Klasse, dann absolviert er in der väterlichen Maschinenfabrik eine kaufmännische Lehre. Nach dem plötzlichen Tod seiner Mutter verlässt er Steinbach, arbeitet kurze Zeit in einem Völklinger Unternehmen, dann in Antwerpen, bevor er mit 26 Jahren nach Amerika auswandert. In New York lässt er sich zum Pharmazeuten ausbilden und gründet bald ein eigenes Pharma-Unternehmen, das mit dem Hustensaft *Pertussin* seinen späteren Reichtum begründet.

Die Ehe mit Annette, geborene Baudais, bleibt kinderlos. Nach dem Ersten Weltkrieg beschließt das Ehepaar, sein Vermögen für wohltätige Zwecke einzusetzen. Kades Geburtsort Steinbach und Schwäbisch Hall stiften sie für humanitäre Zwecke größere Summen, Stücke aus ihrer umfangreichen Kunstsammlung vermachen sie deutschen Museen.

Gegen Ende des Zweiten Weltkriegs ruft das Ehepaar Kade die *Max-Kade-Foundation* ins Leben. Unter dem Leitspruch *Im Dienste der Menschheit* setzt sich die Stiftung, deren Leitung Max Kade persönlich übernimmt, für Hinterbliebene und Kriegsgeschädigte in den USA wie in Deutschland ein. Ein besonderes Anliegen ist der Stiftung die Völkerverständigung, besonders die Förderung des deutsch-amerikanischen Austauschs der akademischen Jugend. In den USA errichtet sie dreißig Studentenwohnheime, fünfundzwanzig in Deutschland und Österreich und fördert Mensen und Universitätsbibliotheken. Außerdem vergibt sie Stipendien und finanziert Professuren und Forschungsprojekte. Ein Schwerpunkt ist die deutsche und deutschamerikanischen Geschichte. 1953 wird das erste Max-Kade-Haus für Studenten in Stuttgart aus Tümmerschuttbeton errichtet. Die Fassaden des 16-geschossigen Hochhauses und der Mensa daneben sind noch im Originalzustand erhalten.

1967 stirbt Max Kade 85-jährig während eines Kuraufenthalts in Davos und wird in seinem Geburtsort Steinbach beerdigt.

▲ Max Kade. ▼ Steinbach 1911.

1913

Agnes Günther – Die Heilige und ihr Narr

Nur einen Roman hat Agnes Günther geschrieben. Er spielt in der Umgebung von Langenburg. Erlebt hat sie seinen kometenhaften Aufstieg nicht mehr. Über 140-mal wird er aufgelegt und gehört damit zweifelsfrei zu den erfolgreichsten deutschen Romanen überhaupt. Mehr als 1,6 Millionen Exemplare sind bis heute verkauft. Dreimal wird er verfilmt.

In der Carl-Julius-Weber-Gedenkstube im Langenburger Rathaus wird an Agnes Günther erinnert. Der *Geschichts- und Kulturverein Langenburg* hat das Waldhaus, das als Jagdhaus in ihrem Roman eine zentrale Rolle spielt, wieder in Stand gesetzt und ihm den Namen Agnes-Günther-Haus gegeben.

Als die Günthers im Herbst 1891 ins Langenburger Pfarrhaus ziehen, will zunächst keine rechte Freude aufkommen. *Wir harmonisieren gar nicht mit den hiesigen Leuten*, schreibt sie ein halbes Jahr später ihrer Schwester Emma. *Essen und Trinken ist ihr Höchstes, sonntags sitzen sie in den Wirtshäusern herum und heitern sich an!* Doch es dauert nicht lange, bis sie ihre neue Heimat in einem anderen Licht sieht. In der Einleitung zur Buchausgabe ihres Theaterstücks *Von der Hexe, die eine Heilige war* schreibt sie: *Ich wohne in einem Waldlande, in dem es viele alte Schlösser gibt. Keine Ruinen, das ist eben das Besondere, sie sind alle wohl erhalten und liebevoll gepflegt. Sie wissen viele, viele Geschichten, die alten Schlösser, darum liebe ich sie auch so sehr.*

Agnes Günther, geborene Breuning stammt aus einer Stuttgarter Bankiersfamilie, wächst wohlbehütet auf, heiratetet 1887 den Theologen Rudolf Günther und folgt ihm ins hohenlohische Langenburg. Als ihr Mann 1907 in Marburg einen Lehrauftrag für Theologie annimmt, fällt ihr der Abschied aus Langenburg schwer. Da hat sie bereits mit den Vorbereitungen zu ihrem Hauptwerk *Die Heilige und ihr Narr* begonnen. Zwei Jahre später, im Sommer 1909, kommt sie für ein paar Wochen zurück nach Hohenlohe und schreibt in Herrentierbach bei Blaufelden ihren Roman nieder – in der Rohfassung. Dann erkrankt sie schwer an einem Kehlkopftumor. Um ihr Buchprojekt kann sie sich nicht mehr kümmern.

Nach ihrem Tod 1911 ergänzt ein Freund der Familie aus ihren Notizen den Schluss und gibt das Manuskript dem Stuttgarter Verleger Friedrich Weitbrecht. Im ersten Jahr nach der Veröffentlichung 1913 sind bereits 10 000 Exemplare verkauft, 1914 folgen 56 600 – und der Erfolg setzt sich fort, weit über die Millionengrenze hinaus. Noch heute ist das Buch auf dem Markt. Neben den Verfilmungen ist inzwischen auch eine Fassung für die Theaterbühne entstanden.

▲ Agnes Günther-Waldhaus bei Langenburg. ▼ Die Langenburger Pfarrersfrau und Erfolgsautorin Agnes Günther.

1943

Hans und Sophie Scholl

Ihre Gruppe nennen sie *Weiße Rose.* In Flugblättern rufen sie zum Widerstand gegen den nationalsozialistischen Terror auf. Bei einer Aktion in der Münchner Universität am 18.2.1943 entdeckt der Hausmeister Sophie Scholl, wie sie Flugblätter in die Aula wirft, und meldet es dem Rektor. Der verständigt die Geheime Staatspolizei. Fünf Tage später werden sie, ihr Bruder Hans und dessen Freund Christoph Probst hingerichtet.

An ihrem Todestag sagt Sophie Scholl: *So ein herrlicher, sonniger Tag, und ich soll gehen. Was liegt an meinem Tod, wenn durch unser Handeln Tausende von Menschen aufgerüttelt und geweckt werden.* Die Mitglieder der *Weißen Rose* verfassen seit 1942 Flugblätter gegen das nationalsozialistische Regime, die sie in München in parkenden Autos und in Telefonzellen ablegen, verschicken oder Kommilitonen mitgeben, die nach Stuttgart, Ulm, Berlin, Köln oder Wien fahren. Das sechste und letzte Flugblatt entsteht im Februar 1943. Darin rufen sie zum Sturz des Regimes auf, um ein *neues, geistiges Europa aufzubauen.* Der Widerstandskämpfer Helmuth James Graf von Moltke nimmt es Wochen nach ihrer Hinrichtung nach England mit, wo es gedruckt und von britischen Flugzeugen über Deutschland abgeworfen wird.

Sophie Scholl kommt in Forchtenberg auf die Welt. Ihr Vater ist dort Bürgermeister. Mit ihrem drei Jahre älteren Bruder Hans und ihren jüngeren Geschwistern Werner und Elisabeth verbringt sie hier ihre Kindheit. Hans und Sophie sind anfangs vom Nationalsozialismus begeistert und werden Mitglieder der Hitlerjugend bzw. des Bunds deutscher Mädel. Doch bereits Mitte der 1930er Jahre wenden sie sich enttäuscht vom Nationalsozialismus ab und schließen sich der verbotenen *Deutschen Jungenschaft vom 1. November 1929* an. Nach dem Abitur macht Sophie zunächst eine Ausbildung zur Kindergärtnerin. Im Sommersemester 1942 beginnt sie ein Studium der Biologie und Philosophie in München, wo ihr Bruder Hans Medizin studiert. Zwischenzeitlich wird Hans zum Wehrdienst eingezogen. In einem Brief schildert er, was dabei in ihm vorgeht: *Und schließlich der grauenhafte Krieg, dieser Moloch, der von unten herauf in die Seelen aller Männer schlich und sie zu töten versuchte.* Im Sommer 1942 wird Hans Scholl auf der Fahrt an die Ostfront mit den Zuständen im Warschauer Ghetto konfrontiert. In einem Brief drückt er seine Verzweiflung darüber aus, dass er angesichts dieses Elends *zur Inaktivität verdammt* sei. Nach der Rückkehr setzt er in München zusammen mit seiner Schwester und seinen Freunden die Widerstandsarbeit verstärkt fort. Heute erinnert eine Gedenktafel am Rathaus und eine Erinnerungsstätte im Foyer des Rathauses in Forchtenberg an die Geschwister Scholl.

Im Foyer des Forchtenberger Rathauses wird an die Geschwister Scholl erinnert.

SOPHIE
SCHOLL
* 9.5.1921
† 22.2.1943

Im Lager Hessental war ich 22
Jahre alt
Jacob Gutmann

1944

Das KZ in Hessental

Neben dem Bahnhof Hessental erinnert eine Gedenkstätte an das Außenlager Schwäbisch Hall-Hessental des Konzentrationslagers Natzweiler-Struthof. Etwa 800 polnische Juden werden 1944 aus Auschwitz hierher gebracht, um unter unmenschlichen Bedingungen Zwangsarbeit zu leisten. Sie waren zuvor an der Rampe von Auschwitz als arbeitsfähig aussortiert worden.

In Hessental befinden sich seit Frühjahr 1944 Rüstungsbetriebe zur Endmontage des Düsenjägers Me 262. Auf dem Flugplatz des dortigen Fliegerhorstes sollen sie eingeflogen werden. Die Häftlinge werden vor allem zur Ausbesserung der Rollbahn eingesetzt. Die SS vermietet sie für eine tägliche Gebühr, außerdem arbeiten sie in Steinbrüchen der Umgebung, legen Verbindungsstraßen an und sind im Gleisbau tätig. Einige werden auch Landwirten und Handwerkern zugeteilt. Nach dem Luftangriff auf Schwäbisch Hall am 23. Februar 1944 sind sie auch bei der Trümmerbeseitigung tätig. SS-Männer und Luftwaffensoldaten bewachen und begleiten sie auf ihrem Marsch zu den Arbeitseinsätzen. Täglich werden sie durch Hessental getrieben. Augenzeugen erinnern sich, wie die Wachleute mit ihnen umgingen. Wer beim Rückmarsch von der Arbeit zusammenbricht, auf den wird ein Schäferhund gehetzt. Dann schlägt der Wachmann mit dem Gewehrkolben zu.

Viele KZ-Häftlinge sterben an den Folgen der Misshandlungen, an Krankheiten wie Typhus oder Ruhr, die im Lager ausbrechen, oder an Mangelernährung, die täglich aus etwa 500 bis 700 Kalorien besteht. Ihr Tod entspricht der Losung *Vernichtung durch Arbeit.* An die 200 Tote bringen Mithäftlinge in diesen letzten Monaten des Krieges auf Mistkarren zum Steinbacher Judenfriedhof, wo sie in Massengräbern beigesetzt werden. Ein Denkmal dort erinnert an sie. Am 3. April 1945 räumt die SS das Konzentrationslager Hessental. SS-Leute treiben die Häftlinge in Güterwagen. Nach wenigen Kilometern gerät der Zug unter Beschuss amerikanischer Jagdbomber. Die Überlebenden müssen zu Fuß nach Osten marschieren über Bühlertann, Rosenberg und Ellwangen bis Nördlingen. Knapp 200 sterben während des *Hessentaler Todesmarsches* an Entkräftung und Misshandlungen, die anderen verlädt man in Nördlingen wieder in einen Güterwaggon. Ihr Ziel ist ein Außenlager des Konzentrationslager Dachau. Nur wenige erleben dort die Befreiung durch amerikanisches Militär am 29. April 1945.

Auf dem ehemaligen Appellplatz des Lagers hat die *Initiative KZ-Gedenkstätte Hessental* Stelen mit Namen der Häftlinge sowie Erläuterungstafeln aufgebaut. Eine Ausstellung in einem Güterwagen informiert über das Schicksal der polnischen Juden im KZ Hessental.

▲ KZ-Gedenkstätte Hessental. ▼ Stelen erinnern an die KZ-Häftlinge.

1945

Die Männer von Brettheim

Im Brettheimer Rathaus und an der Mauer im Eingangsbereich des Friedhofs wird an drei Bürger erinnert, die durch ihr mutiges Verhalten in den letzten Tagen des Zweiten Weltkriegs die Zerstörung ihres Heimatdorfes verhindern wollten. Sie mussten es mit ihrem Leben bezahlen.

Am 7. April 1945 steht die 7. US-Armee südöstlich von Blaufelden, wenige Kilometer von Brettheim entfernt. Vier Hitlerjungen wollen das Dorf noch verteidigen. Friedrich Hanselmann ohrfeigt einen von ihnen. Die Jungen werden entwaffnet. Wenig später erfährt SS-General Simon auf Schloss Schillingsfürst davon und gibt Befehl, die Vorfälle in Brettheim aufzuklären. Die gesamte männliche Bevölkerung wird aufs Rathaus bestellt und verhört. Schließlich räumt Hanselmann die Tat ein. SS-Sturmbannführer Gottschalk beruft ein Standgericht und diktiert das Todesurteil *wegen Entwaffnung von Hitlerjungen.* Doch Hauptlehrer Wolfmeyer verweigert als Beisitzer die Unterschrift. Bürgermeister Gackstatter schließt sich ihm an.

Am Montag, 9. April, findet in Rothenburg vor SS-General Simon ein weiteres Standgericht statt. SS-Sturmbannführer Gottschalk verliest das in Brettheim verfasste Todesurteil. Auch der Bürgermeister und der Hauptlehrer werden nun wegen *Wehrkraftzersetzung* zum Tode verurteilt und zurück nach Brettheim gefahren. Hitlerjungen empfangen sie mit Ziehharmonikamusik. Sie haben bereits alles für die Hinrichtung vorbereitet. Schlingen aus Telefondraht hängen von den Ästen herunter, darunter stehen Stühle. Sofort werden die Verurteilten hingerichtet. *Sie sollen hängen bleiben*, befiehlt Gottschalk. Anschließend ziehen die Hitlerjungen singend durch Brettheim. Später kommen sie zurück und lassen die Leichen zur Musik schaukeln. Tage später überziehen US-Kampfbomber das Dorf mit Brand- und Splitterbomben. Niemand hat den Mut, eine weiße Fahne zu hissen. 17 Brettheimer sterben, drei Viertel des Dorfes werden zerstört.

Die Verantwortlichen werden in drei Prozessen freigesprochen – mangels Beweisen. Nur Gottschalk wird zu einer kurzen Gefängnisstrafe verurteilt, weil es unzulässig gewesen sei, in Rothenburg das in Brettheim formulierte Todesurteil vorzulesen. Der vorsitzende Richter im ersten Prozess von 1955, bereits seit 1927 Mitglied der NSDAP, ist der Ansicht: *Das Unrecht ist meines Erachtens auch – wenn eines geschehen ist – bei den Brettheimern.* Die folgenden Prozesse 1958 und 1960 bestätigen die Freisprüche. Sie akzeptieren den Tatbestand der *Wehrkraftzersetzung* und sind der Ansicht, dass die Hingerichteten gegen die damals gültige nationalsozialistische Rechtsauffassung verstoßen hätten.

▲ An diesen Linden wurden die Brettheimer Bürger erhängt.
▼ Gedenkinschrift in der Friedhofsmauer.

Unser Bürgermeister LEONHARD GACKSTATTER und unsere Mitbürger, Bauer FRIEDRICH
HANSELMANN und Hauptlehrer LEONHARD WOLFMEYER, wollten am Ende des schon
verlorenen Krieges Blutvergiessen und sinnlose Zerstörung durch rechtes Handeln ver-
hindern. Sie wurden von der SS verhaftet und am 10. April 1945 an diesen Linden erhängt.

1947/48

Gerabronn und die Grünen

Zwei Urgesteine der Grünen kommen wenige Jahre nach Ende des Zweiten Weltkriegs in Gerabronn zur Welt: Rezzo Schlauch am 4. Oktober 1947, Joschka Fischer am 12. April 1948. Schlauch wächst in Bächlingen bei Langenburg auf, Fischer zieht mit seinen Eltern von Gerabronn nach Kirchberg an der Jagst, dann ebenfalls nach Langenburg. Aber die beiden begegnen sich erst viel später.

Auf einem Parteitag der Grünen in Hagen kommen sie ins Gespräch. Wo er denn geboren sei, will Schlauch wissen. Aus einem Nest da unten, das kaum einer kenne, antwortet Fischer. Im folgenden Dialog entdeckten sie, dass sie beide aus Gerabronn stammen. Das alte Oberamteigebäude in der Mitte von Gerabronn spiegelt die wechselvolle Geschichte der Stadt wider. Erbaut wurde es 1793 als Sitz der preußischen Verwaltung, anstelle des Kastenamts der Markgrafen von Brandenburg-Ansbach. Von 1811 bis 1938 war es Sitz der württembergischen Oberamtei. Dann kam Gerabronn zum Landkreis Schwäbisch Hall.

1946 müssen die Fischers ihren Heimatort bei Budapest verlassen. Die ungarndeutschen Flüchtlinge landen in Hohenlohe. In Langenburg übernimmt der Vater eine Metzgerei. Seine Vorfahren waren 1731 aus dem schwäbischen Fridingen an der Donau bei Tuttlingen nach Ungarn ausgewandert.

Rezzos Vater Rudolf Schlauch war lange Jahre Pfarrer in Bächlingen. Er ist auch als Kenner der hohenlohischen Landeskunde und als Schriftsteller bekannt. In einem Aufsatz beschreibt er die Grabplatte des Ritters Rezzo von Bächlingen an der Südwand seiner Pfarrkirche. Nach ihm hat er seinen Sohn benannt. Der besucht die Grundschule in Bächlingen, dann das Gymnasium in Künzelsau. Nach dem Abitur studiert er in Freiburg Jura. Seit 1980 ist er bei den Grünen, von 1994 bis 2005 als Bundestagsabgeordneter, zuletzt als Fraktionsvorsitzender und Parlamentarischer Staatssekretär. 2005 zieht er sich aus der Politik zurück.

Joseph Martin Fischer, genannt Joschka, ist zunächst Mitglied der linksradikalen Gruppe *Revolutionärer Kampf*. Seit 1982 ist er bei den Grünen, zunächst als Bundestagsabgeordneter, dann als Staatsminister der rot-grünen Regierung in Hessen, 1998 bis 2005 als Außenminister der Regierung Schröder. 2006 zieht auch er sich aus der Parteipolitik zurück. In einem Buch *Die neue Ess-Klasse*, das sein Parteifreund Rezzo Schlauch mit Manfred Kurz herausgegeben hat, erinnert er sich an seine Langenburger Kinderjahre – an die lange Schlittenbahn hinunter nach Bächlingen, welche die Bächlinger Kinder für sich beanspruchten. Daraus entstand ein heftiger Streit: Wer hat Vorrecht auf die Bahn? Diejenigen, bei denen sie anfängt, oder die, bei denen sie ankommt?

◀ Joschka Fischer. ▶ Rezzo Schlauch. ▼ Alte Oberamtei Gerabronn.

1954

Reinhold Würth

Als Lehrbub im väterlichen Betrieb hat er in den Nachkriegsjahren noch mit dem Leiterwagen Schrauben durch Künzelsau zu den Kunden geliefert. Erst 19 Jahre ist er alt, als er 1954 nach dem überraschenden Tod seines Vaters die Leitung des Familienunternehmens übernimmt. Als er sich 1994 aus dem operativen Geschäft zurückzieht, ist aus dem Kleinbetrieb eine Weltfirma geworden.

In einem Rückblick auf 50 Jahre Firmenleitung wird er nach den Gründen seines Erfolgs gefragt. Mit Blick auf die Situation der Nachkriegszeit meint er: *Zunächst war das Überleben das Wichtigste. Nach drei, vier Monaten habe ich dann schon gemerkt, es geht. Hinzu kam die glückliche Zeit des deutschen Wirtschaftswunders, als es schwieriger war, Ware einzukaufen als zu verkaufen.*

Im Sommer 1945 gründet sein Vater Adolf Würth in Künzelsau eine Schraubengroßhandlung. In einem Nebengebäude der Künzelsauer Schlossmühle mietet er einen Raum mit 170 Quadratmetern. Reinhold besucht die Oberschule, aber in seiner Freizeit geht er dem Vater zur Hand. Mit 14 Jahren beginnt er im väterlichen Betrieb eine Lehre. Fünf Jahre später stirbt sein Vater, und er soll mit Unterstützung der Mutter den Betrieb weiterführen, der nun in einem eigenen Gebäude am Bahnhof Künzelsau untergebracht ist. Bald beginnt er im Keller eine eigene Schraubenproduktion. In Zeiten des Wiederaufbaus sind seine Produkte gefragt. 1962 beschäftigt er über 100 Mitarbeiter und gründet Niederlassungen in der Schweiz, Österreich und den Niederlanden. Heute ist die Würth-Gruppe mit über 400 Gesellschaften in mehr als 80 Ländern tätig.

Trotz Globalisierung und weltweiter Telekommunikation bleibt Reinhold Würth traditionellen Werten verbunden: *Die menschlichen Kontakte, Beziehungsgeflechte und Kontaktvernetzungen leiden unter der exzessiven Bildschirmkommunikation, weil das gesprochene Wort und das »In-die-Augen-Schauen« ersetzt wird. Meine These ist, dass vor allem im Handelsunternehmen die Qualität des Managements hinsichtlich Menschenführung und Aufbau von Vertrauensgeflechten wichtiger ist denn geschleckte, gestylte Computerprozesse.* Die Verwurzelung des Weltbetriebs in der Region Hohenlohe bleibt ihm ein besonderes Anliegen. Der Hauptsitz der Würth-Gruppe befindet sich nach wie vor in Künzelsau-Gaisbach. Der begeisterte Kunstsammler baut in Schwäbisch Hall eine Kunsthalle und richtet in der benachbarten Johanniterkirche eine zweite ein. Kunstmuseen der Sammlung Würth findet man heute aber auch in Dänemark, Österreich, den Niederlanden, Belgien, der Schweiz und in Spanien. Die Sammlung Würth umfasst über 18 000 Gemälde, Zeichnungen und Skulpturen vom 15. Jahrhundert bis heute.

▲ In einem Nebengebäude der Künzelsauer Schlossmühle begann 1945 die Firma Würth. ▼ Verwaltungsgebäude der Würth-Gruppe in Künzelsau-Gaisbach.

Margarethe Gutöhrlein in Waldenburg

Sie konnte sehr temperamentvoll ihre Ideen zu Wort bringen und ging ohne Hemmungen bis in die höchsten Instanzen auf ihr Ziel, ein Kinderdorf zu gründen, zu. So erinnert sich ihre Tochter an Margarethe Gutöhrlein aus Schwäbisch Hall, die in Waldenburg das erste Albert-Schweitzer-Kinderdorf gründete.

Als sie 1956 vom Besuch eines Kinderdorfs aus Österreich nach Schwäbisch Hall zurückkommt, ist ihr klar, dass sie diese Idee tatkräftig unterstützen will. Aber in ihrem Kinderdorf sollen Jungen und Mädchen unabhängig von ihrer Herkunft und Religion Zuflucht finden. Sie wendet sich an den Urwaldarzt und Friedensnobelpreisträger Albert Schweitzer. Ihr Kinderdorf, schreibt sie ihm, soll ein lebendiges Beispiel dafür sein, dass alle Menschen in Frieden miteinander leben können, *egal, welcher Religion oder welcher Rasse sie auch angehören*. Albert Schweitzer übernimmt die Patenschaft, und am 11. Dezember 1957 entsteht der *Verein Albert-Schweitzer-Kinderdorf e. V.* Sie gewinnt den Waldenburger Bürgermeister Franz Gehweiler, der seinen Gemeinderat davon überzeugt, dem Verein ein Grundstück auf Waldenburger Markung zu schenken. Die Eröffnung des Kinderdorfs erlebt sie nicht mehr. Am 15. Juni 1958 stirbt sie 74-jährig in Schwäbisch Hall. Ende 1959 wird mit dem Bau der ersten Häuser begonnen, und im September 1960 ziehen die ersten Kinder ein.

Margarethe Gutöhrlein kommt am 9. August 1883 als Tochter des jüdischen Fabrikantenehepaars Samuel in Berlin zur Welt. Sie will Schauspielerin werden und studiert bei Max Reinhardt am Deutschen Theater in Berlin. Danach lässt sie sich zur Krankenschwester ausbilden. Während des Ersten Weltkriegs arbeitet sie in diesem Beruf. 1921 heiratet sie in dritter Ehe den Kaufmann Georg Gutöhrlein und zieht mit ihm nach Schwäbisch Hall. Nach der Machtübernahme der Nationalsozialisten ist ihr Leben wegen ihrer jüdischen Herkunft bedroht. Die letzten Kriegsmonate verbringt sie mit einer Tochter und einer Enkelin auf Schloss Stetten bei Künzelsau, wo sie Freifrau von Stetten auf dem Dachboden versteckt. Nach Kriegsende erhält sie von der amerikanischen Militärregierung den Auftrag, die Leitung des Roten Kreuzes in Schwäbisch Hall zu übernehmen. Dort ist sie unter anderem verantwortlich für die Unterbringung von Flüchtlingen und Kriegswaisen.

Heute gibt es Albert-Schweitzer-Kinderdörfer als selbstständige Vereine in zwölf Bundesländern mit rund 130 Kinderdorffamilien. Vernetzt sind sie im Albert-Schweitzer-Verband der Familienwerke und Kinderdörfer e. V. mit Sitz in Berlin. Sie sind dem Paritätischen Wohlfahrtsverband angeschlossen.

Margarethe Gutöhrlein auf dem Bauplatz in Waldenburg.

Königliche Verwandtschaft

Ein großer Tag für die Langenburger: Am 24. Mai 1965 kommt die königliche Verwandtschaft zu Besuch. Elisabeth II. ist mit ihrem Mann, Prinz Philipp, auf Staatsbesuch in Baden-Württemberg und schaut bei dieser Gelegenheit bei Philipps Neffen Fürst Kraft von Hohenlohe-Langenburg vorbei.

Ministerpräsident Kurt Georg Kiesinger begleitet das königliche Paar. Der Langenburger Bürgermeister überreicht ihnen zur Stärkung einen Hohenloher Vesperkorb und eine Tüte Wibele. Die Szene wird über Radio und Fernsehen übertragen. Fürst Kraft zu Hohenlohe Langenburg ist ein Ururenkel von Königin Victoria. Mit Queen Elizabeth hat er also eine gemeinsame Ururgroßmutter, und seine Mutter, Margarita von Griechenland und Dänemark, ist die Schwester von Prinz Philipp. Sie hat 1931 in Langenburg Gottfried zu Hohenlohe-Langenburg geheiratet, den Vater von Fürst Kraft. Dieser steht – wegen seiner Ururgroßmutter Victoria – zur Zeit des Besuchs auf Platz 74 der britischen Thronfolge.

Die Queen ist damals 39 Jahre alt, ihr Mann 43, ihr jüngster Sohn, Prinz Edward, gerade mal ein Jahr. Es ist der erste Staatsbesuch eines britischen Monarchen seit 1909 in Deutschland, und er führt sie auch nach Baden-Württemberg. Von Schloss Salem am Bodensee, wo Prinz Philipp zur Schule gegangen ist, reisen sie über Stuttgart, Marbach am Neckar – Schillers Geburtsort mit dem Schiller-Nationalmuseum – nach Langenburg. Dass die Queen in Marbach nach den Pferden des Landesgestüts Marbach auf der Schwäbischen Alb gefragt habe, ist eine häufig kolportierte Legende.

Zwei Jahre vor dem Besuch hat ein Brand den Ostflügel des Langenburger Schlosses und Teile des Nordflügels zerstört. Die Sanierung kostet fünf Millionen DM und kann nur durch den Verkauf des Schlosses Weikersheim an das Land Baden-Württemberg finanziert werden.

Der heutige König Charles III., ein Vetter von Fürst Kraft, war als Kronprinz immer wieder in Hohenlohe unterwegs und zeigte an der Hohenloher Landwirtschaft großes Interesse. In seiner Heimat setzt er sich für ökologischen Landbau ein. Bei der Verleihung des Eckart-Witzigmann-Preises für Kochen und Esskultur an Charles 2010 in München, den sein Vetter Kraft für ihn in Empfang nahm, lobte er in einer Videobotschaft die Hohenloher Landwirtschaft: *Ich weiß, dass gerade Hohenlohe die Region Europas ist, die die höchste Dichte an lizenzierten Ökobetrieben hat, und dass sich dort viele Bauern um fast ausgestorbene Tierrassen kümmern, wie um das Limpurger Rind mit dem Boeuf de Hohenlohe oder auch um das Schwäbisch-Hällische Landschwein.*

▲ Schloss Langenburg. ◀ Königin Victoria, Gemälde von Richard Hayler, 1838.
▶ Königin Elisabeth II. und Prinz Philipp, 1953.

SPD
DEUTSCHLANDS ZUKUNFT:
SICHER. GERECHT. WELTOFFEN.

1968

Erhard Eppler

Turbulente Zeiten: 1968 beruft Kanzler Kiesinger Erhard Eppler als Entwicklungshilfeminister. Ein Jahr später wird Willy Brandt Kanzler. Eppler behält das Ressort auch in seinem Kabinett. Als Brandt 1974 zurücktritt und von Helmut Schmidt abgelöst wird, bleibt Eppler zunächst, dann legt er sich mit dem neuen Kanzler an, der sein Budget zusammenstreichen will, und tritt unter Protest zurück.

Das hat es bisher noch nicht gegeben. Aber Eppler vertritt konsequent seine Prinzipien. So ist er auch der Ansicht, dass es ökologisch nicht vertretbar sei, die Dritte Welt nach westlichem Vorbild zu industrialisieren. Außerdem warnt er davor, dass die Priorität ständigen Wachstums *das Raumschiff Erde unbewohnbar machen wird.* Bereits 1971 hat er in seinem Ressort Umweltverträglichkeitsprüfungen eingeführt. Als er zurücktritt, gilt er auch unter SPD-Genossen als Sonderling und Moralapostel. Eppler ist gegen Atomkraftwerke und die Nachrüstung. Bis Anfang der 1980er Jahre ist er Mitglied des Landtags von Baden-Württemberg und Fraktionsvorsitzender der SPD. Dann zieht er sich aus der Parteiarbeit zurück und engagiert sich in der evangelischen Kirche. Von 1981 bis 1983 und von 1989 bis 1991 ist er Kirchentagspräsident. Er unterstützt die Friedensbewegung und demonstriert 1983 gegen die atomare Nachrüstung in Mutlangen.

Erhard Eppler ist in Schwäbisch Hall aufgewachsen, da war sein Vater Schuldirektor. Seine Mutter war die erste Stadträtin in Hall. 1943 wird er mit knapp 17 zum Militär eingezogen und erlebt das Kriegsende in der Lüneburger Heide. Von Lüneburg schlägt er sich nach Hall durch. Seine Uniform versteckt er in einem Bauernhaus. *Auf diesem Weg hatte ich viel Zeit zum Nachdenken, und da ist mir klar geworden, dass Politik immer mit Leben und Tod zu tun hat – direkt oder indirekt. Eine schlimme Politik hatte damals einen ganzen Kontinent zerstört und unendlich viele Menschen das Leben gekostet. Das hieß für mich auch, verantwortliche Politik kann dafür sorgen, dass es nicht wieder passiert.*

Im Alter zieht er mit seiner Frau zurück nach Hall in sein Elternhaus. *Die Stadt ist fast noch so,* erinnert er sich, *wie ich sie als Kind erlebt habe, nur schöner, denn inzwischen haben die Haller manches Fachwerk, manche Teile des Stadtgrabens oder der Stadtmauer wieder sichtbar gemacht … So gehöre ich zu den wenigen Menschen, die nicht nur das Glück haben, da aufzuhören, wo sie angefangen haben, sondern zu den noch selteneren, die ihren Heimatort noch so antrafen, wie sie ihn in Erinnerung hatten.* 2019 stirbt Erhard Eppler in Hall im Alter von 92 Jahren.

Erhard Eppler auf dem Bundesparteitag der SPD 2015 in Berlin.

1975

Eberhard Gienger aus Künzelsau

Im Sommer 1975 nimmt der Kunstturner Eberhard Gienger aus Künzelsau, vielfacher Europameister und Weltmeister von 1974, an der Europameisterschaft in Bern teil. Sein Konkurrent ist Wolfgang Thüne, Kunstturner im DDR-Team und Offizier der Nationalen Volksarmee. Die beiden kommen ins Gespräch, und Thüne vertraut Gienger an, dass er den dringenden Wunsch habe, die DDR zu verlassen.

Gienger ist bereit, ihm zu helfen. Er versteckt den zwei Jahre älteren Kollegen in seinem Opel Manta. Ein westdeutscher Kampfrichter ist eingeweiht und begleitet die beiden auf ihrer Fahrt in die Freiheit. An der deutsch-schweizerischen Grenze werden sie angehalten. Giengers Personalausweis liegt im Kofferraum. Doch der Grenzer erkennt ihn und lässt ihn passieren. In Emmendingen steigt Thüne aus, Gienger fährt nach Bern zurück.

Bis nach der Wiedervereinigung schweigen die beiden über die Fluchtaktion. Thüne gibt offiziell an, per Anhalter in die Bundesrepublik Deutschland gekommen zu sein. Er will so verhindern, dass Gienger als Fluchthelfer nicht mehr an Wettkämpfen im Ostblock teilnehmen kann. Er selbst wird in der DDR in Abwesenheit wegen Fahnenflucht zu einer mehrjährigen Zuchthausstrafe verurteilt. Thüne schließt sich dem Turn- und Sportverein Bayer 04 Leverkusen an und wird zwei Jahre später deutscher Meister im Mehrkampf.

Eberhard Gienger wird am 21. Juli 1951 in Künzelsau geboren. Zum Turnen sei er eher durch Zufall gekommen, sagt er. Wegen angeblicher Knick-,Senk-, Spreizfüße, O-Beinen und hängender Schultern sei er in der Grundschule zum Sonderturnen verdonnert worden. Viele andere Sportarten habe er in Künzelsau ausprobiert, erinnert er sich, Schwimmen, Tennis, Tischtennis, Fußball – aber vom Turnen habe er zunächst nichts mehr wissen wollen. Bis ihn der Trainer eines Turnvereins entdeckt und bis zur Jugendmeisterschaft gefördert habe.

Mit 21 Jahren nimmt Gienger als jüngster Turner im deutschen Team an den Olympischen Spielen teil – da ist er bereits deutscher Meister. 1973, 1975 und 1981 wird er am Reck Europameister. Eher per Zufall erfindet er den Gienger-Salto, ein kompliziertes Flugelement am Reck. 1974 und 1978 wird er in Deutschland zum Sportler des Jahres gewählt.

Von 2002 bis 2021 ist Gienger Mitglied des Deutschen Bundestages, zuletzt Sprecher der CDU/CSU-Fraktion im Sportausschuss. Ehrenamtlich engagiert sich Gienger in verschiedenen Sportverbänden. Bis heute ist der Politiker, Werbemanager und Sportfunktionär sportlich aktiv. Seine Hobbys: Fallschirmspringen, Tauchen und Bungeespringen. 2022 wird Eberhard Gienger mit der Goldenen Sportpyramide der Deutschen Sporthilfe für sein Lebenswerk geehrt.

Eberhard Gienger.

1
Richtung
Schwäbisch Hall
KUPFERZELL

1988

Das Hohenloher Freilandmuseum Wackershofen

Am letzten Septemberwochenende des Jahres 2023 wird das traditionelle Backofenfest im Hohenloher Freilandmuseum Wackershofen mit einem besonderen Jubiläum gefeiert. Das Museum kann in diesem Jahr auf 40 Jahre Museumsgeschichte zurückblicken. Angefangen hat es 1983 mit dreizehn Häusern.

Neben dem Weidnerhof mit seinen drei Nebengebäuden am Wackershofener Dorfrand sind neun weitere Häuser in den Jahren davor ins Museumsareal versetzt worden. Heute laden rund 70 historische Gebäude aus fünf Jahrhunderten die Besucher dazu ein, das bäuerliche Leben früherer Zeiten im Hohenloher Dorf kennenzulernen – ob im reichen Bauernhof oder im armen Taglöhnerhaus. Wackershofen ist inzwischen das größte der sieben baden-württembergischen Freilandmuseen. Wer mit der Bahn anreist, erreicht das Museum im historischen Kupferzeller Bahnhof, der im Museumsdorf detailgetreu wieder aufgebaut ist. Neben Bauernhäusern aus unterschiedlichen Regionen Hohenlohes und der angrenzenden Gebiete findet man auch eine Kapelle, ein Schulhaus, ein Gefängnis und das Armenhaus aus Löwenstein-Hößlinsülz, das 1988 in einer spektakulären Aktion über die Löwensteiner Berge und den Mainhardter Wald nach Wackershofen verfrachtet wird.

Eine Pressemitteilung der Stadt Schwäbisch Hall schildert, was an diesem denkwürdigen Tag im Februar 1988 los ist: *Ganz Hößlinsülz war auf den Beinen, als sich das Museum und die beteiligten Firmen an die Arbeit machten.* Ein 180-Tonnen-Kran soll das bereits verpackte Dachgeschoss mit einem Gewicht von 24 Tonnen als Ganzes auf den Tieflader setzen. Nach Einbruch der Nacht macht sich der Konvoi auf den Weg – im Schneckentempo. Tags darauf steht der zwar kurze, aber besonders schwierige Abschnitt bis zum Museum an. Ein besonderes Hindernis ist der Bahnübergang bei Wackershofen. Als der geschafft ist, droht das nächste Unheil. Der Tieflader passt nicht durch das Tor zum Museumsgelände. Es muss zwischenzeitlich abgebaut werden. Im Winterbauzelt wird dann das Erdgeschoss aus den originalen Bausteinen aufgemauert, anschließend das Dachgeschoss als ganzes Element wieder draufgesetzt.

Die Hößlinsülzer sind anfangs skeptisch. Der Aufwand um das *bissle Ding* sei das Geld nicht wert, heißt es. Und: *Keine zehn Leute in Hößlinsülz* würden das Theater befürworten. Doch als das neue Museumsgebäude am 8. September 1988 feierlich eröffnet wird, sind die zahlreich in Sonderbussen angereisten Hößlinsülzer stolz und feiern mit einem *Arme-Leute-Essen* im Freien – mit Brotsupp' und Kartoffeln.

▲ Hößlinsülzer Armenhaus im Hohenloher Freilandmuseum.
▼ Der ehemalige Bahnhof Kupferzell im Freilandmuseum.

2014

Von Künzelsau ins Weltall

Am 28. Mai 2014 um 19.57 Uhr hebt die Rakete vom Weltraumbahnhof im kasachischen Baikonur ab. Alexander Gerst ist als Bordingenieur der ISS-Expedition *Blue Dot* dabei. Zweieinhalb Jahre hat er auf diesen Moment hingefiebert. Jetzt fliegt er zusammen mit dem Russen Maxim Surajew und dem US-Amerikaner Reid Wiseman zur internationalen Raumstation ISS.

Am 7. Oktober muss er das Raumschiff verlassen. Eine defekte Kühlpumpe muss umgelagert und ein neues Kabelsystem installiert werden. Nach sechs Stunden außerhalb der Internationalen Raumstation sind die Aufgaben erledigt, und Gerst kann zusammen mit Reid Wiseman in die Station zurückkehren. Gerst: *Es war ein bisschen so, wie nach Hause zu kommen.* Nach insgesamt 165 Tagen landen die Raumfahrer am 10. November 2014 morgens um 3.58 Uhr in der kasachischen Steppe. Es gehe ihm gut, twittert er kurze Zeit später. *Es ist schön, wieder zu Hause zu sein. Nur die Schwerkraft zieht mich etwas runter.* Fast vier Jahre später ist es wieder so weit. Am 6. Juni 2018 beginnt Gersts zweite Mission im All, während der er für drei Monate das Kommando übernimmt. Insgesamt hat sich Gerst damit 362 Tage im All aufgehalten – so lange wie noch kein deutscher Raumfahrer.

Gerst kommt am 3. Mai 1976 in Künzelsau zur Welt, wo er seine Kinder- und Jugendjahre verbringt. Am Technischen Gymnasium in Öhringen macht er 1995 Abitur. An den Universitäten in Karlsruhe und Wellington studiert er Geophysik und promoviert 2010 an der Universität Hamburg über das Eruptionsverhalten eines Vulkans auf der Antarktis. Schon zwei Jahre zuvor hat er an einem Auswahlverfahren der Europäischen Weltraumorganisation ESA teilgenommen, sich unter mehr als 8000 Bewerbern durchgesetzt und 2009 am Europäischen Astronautenzentrum in Köln die Ausbildung zum Astronauten begonnen.

Auf seinem zweiten Flug beobachtet Gerst aus dem Raumschiff die Auswirkungen des Hitzesommers 2018 in Mitteleuropa. Auf seinem Twitteraccount *Astro-Alex* schreibt er am 6 August 2018: *Konnte eben die ersten Bilder von Mitteleuropa und Deutschland bei Tag machen, nach mehreren Wochen von Nacht-Überflügen. Schockierender Anblick. Alles vertrocknet und braun, was eigentlich grün sein sollte.* Während seiner Erdumrundungen kann er auch das Abholzen des tropischen Regenwaldes beobachten. Die Erfahrungen auf seinen Raumflügen bestärken ihn, sich für Klima- und Umweltschutz einzusetzen.

Danach gefragt, was seine nächsten Ziele seien, antwortet Gerst in einem Interview in der Zeitschrift *Schöner Südwesten*: *Wenn mir jemand sagen würde, ich könne jetzt an den Vorbereitungen für eine Mondmission teilnehmen, hätte ich in einer halben Stunde meine Koffer gepackt.*

Alexander Gerst. Offizielles Porträt 2017, NASA.

horizons
EVA PRESS

Vita

Ulrich Maier, Studiendirektor i. R., geboren in Karlsruhe, ist aufgewachsen in Heilbronn, studierte in Stuttgart Geschichte, Linguistik und Literaturwissenschaft und unterrichtete Deutsch und Geschichte am Justinus-Kerner-Gymnasium in Weinsberg. Bis zu seiner Pensionierung war er außerdem Landeskundebeauftragter des baden-württembergischen Kultusministeriums. Er ist Verfasser zahlreicher Sachbücher und historischer Romane zur baden-württembergischen Landesgeschichte.

Impressum

Sollte dieses Werk Links auf Webseiten Dritter enthalten, so machen wir uns die Inhalte nicht zu eigen und übernehmen für die Inhalte keine Haftung.

1. Auflage 2024

Umschlaggestaltung: Chris Langohr Design, March.
Layout und Satz: Silke Schüler, Portimão.
Lektorat: Michael Raffel, Tübingen.

Printed in Poland by CGS Printing.

ISBN 978-3-8425-2425-5

Ihre Meinung ist wichtig für unsere Verlagsarbeit. Senden Sie uns Ihre Kritik und Anregungen unter **meinung@silberburg.de**

Besuchen Sie uns im Internet und entdecken Sie die Vielfalt unseres Verlagsprogramms: **www.silberburg.de**

Bildnachweis Cover

Hauptbild: Schloss Neuenstein, © Sina Ettmer Photography, Shutterstock; Einklinker von links nach rechts: Verwaltung Firma Würth, Künzelsau, © Archiv Würth; St. Michael, Schwäbisch Hall, Wikimedia Commons, © Tilman2007, CC BY-SA 4.0; Jagstquelle, Wikimedia Commons, © Kreuzschnabel, CC BY-SA 3.0; Hintergrundkarte: Schwäbisch Hall in Schwaben, Matthäus Merian, Topographia Sueviae 1643, gemeinfrei;

Freisteller: Zwergengalerie Weikersheim, Trommler, Wikimedia Commons, © Schorle, CC BY-SA 3.0.

Bildnachweis

Ulrich Maier: S. 5, 6, 7, 15, 16, 20 o. und u., 28 u., 40 o. und u., 43, 47, 52 u., 56, 63, 64 o., 64 u., 76, 77, 80, 91, 99, 100 o. und u., 103 o. und u., 120; Kernerhaus Weinsberg, gemeinfrei: S. 87; Max-Kade-Stiftung, gemeinfrei: S. 95 o.; Deutsches Literaturarchiv Marbach, gemeinfrei: S. 96 u.; Archiv Würth: S. 107 o und u.; Albert-Schweitzer-Kinderdorf Waldenburg: S. 108;

Wikimedia Commons: Holger Uwe Schmitt, CC BY-SA 4.0: S. 9, 31, 32 o. und u., 27 o. und u.; Xocolatl, gemeinfrei: S. 11, 59; Staatliches Museum für Naturkunde Stuttgart, CC BY-SA 3.0: S. 12 oben; Ghedoghedo, CC BY-SA 4.0: S. 12 unten; Marcus Hässler, CC BY-SA 3.0: S. 19; Hohenlohe Zentralarchiv Neuenstein, gemeinfrei: S. 23; Andreas Scholz: CC BY-SA 3.0: S. 24 o.; Michael Hanselmann, CC BY-SA 2.0: S. 24 u.; Landesarchiv Baden-Württemberg, gemeinfrei: S. 27; Maxda, CC BY-SA 3.0: S. 28 o. re.; H. Junghans, CC BY-SA 3.0: S. 29 o. li.; Matthias Süßen: CC BY-SA 3.0: S. 35 o., 96 o., 111 o.; Jova 1961: CC BY-SA 4.0: S. 35 u.; Univ.bibliothek Heidelberg, gemeinfrei: S. 36; Hahn, CC BY-SA 2.5: S. 39 o.; Mimaq CC BY-SA 3.0: S. 39 u.; Petar Milosevic, CC BY-SA 4.0: S. 44; Dr. Reiner Düren, CC BY-SA 4.0: S. 48; Matthias Grünewald, gemeinfrei: S. 51; Englische Buchillustration, CC BY-SA 4.0: S. 52 o.; Stadtbibliothek Trient, gemeinfrei: S. 55; Roman Eisele, CC BY-SA 4.0: S. 67, 116 o.; Schorle, CC BY-SA 3.0: S. 68 alle; CH. F. Deffner, gemeinfrei: S. 71; Georg Melchior Kraus, gemeinfrei: S. 72; Pfedelbacher, CC BY-SA 4.0: S. 75; Karl Joseph Stieler, gemeinfrei: S. 83; Rouget, gemeinfrei: S. 84; Bonaventura Weiss, gemeinfrei: S. 88; L-Cain, gemeinfrei: S. 92; Sigurd Curmann, CC BY-SA 2,0: S. 95 u.; Michael Thaidigsmann, CC BY-SA 4.0: S. 104 o. li.; Deutscher Bundestag, CC BY-SA 4.0: S. 104 o. re.; Stolp, CC BY-SA 4.0: S. 104 u.; Richard Hayler, gemeinfrei: S. 111 u. li., Cecil Beaton, gemeinfrei: S. 111 u. re.; Olaf Kosinsky, CC BY-SA 3.0: S. 112; Lars Heinicke-Clemm, CC BY-SA 4.0: S. 115; Rosenzweig CC BY-SA 3.0: S. 116 u.; NASA, gemeinfrei: S. 119.